简单
ECONOMICS
越简单越实用的经济学原理
经济学

安仰庆 ◎ 著

中国商业出版社

图书在版编目（CIP）数据

简单经济学/安仰庆著 . -- 北京：中国商业出版社，2021.9

ISBN 978-7-5208-1759-2

Ⅰ.①简… Ⅱ.①安… Ⅲ.①经济学—通俗读物 Ⅳ.① F0-49

中国版本图书馆 CIP 数据核字 (2021) 第 172750 号

责任编辑：包晓嫱　佟　彤

中国商业出版社出版发行
010-63180647　www.c-cbook.com
(100053 北京广安门内报国寺 1 号）
新华书店经销
香河县宏润印刷有限公司印刷
*
710 毫米 ×1000 毫米 16 开 12.5 印张 185 千字
2021 年 9 月第 1 版 2021 年 9 月第 1 次印刷
定价：58.00 元
****
（如有印装质量问题可更换）

前言

上班族、创业者、家庭主妇、在校大学生，无论你是谁，无论你想如何规划自己的财务，规划自己的人生，甚至管理自己的公司，你都需要平衡经济支出，平衡家庭关系，平衡客户关系。也许你有一份完美的人生计划，需要付诸实施，但是首先你要懂得一点简单的经济学。

经济学并不意味着复杂的数学模型和演算公式，也并不仅仅充斥着晦涩的专业术语，我们完全可以采用通俗易懂、简便快捷、生动形象的方法学习经济学。比方说，在现实生活中，我们会发现一个有趣的现象：女性一般都喜欢自己一直年轻，宁可永远停在29岁也不想成为30岁的人，而男性，其实也有相同的想法，认为49岁还属于壮年，还能将自己比作正在盛开的花，但是一说50岁，仅一岁之差，好像这花就枯萎了。显然，两种都是心理上对年龄的抗拒，显得9比10更为珍贵。正是基于此，我们才看到，超市的定价策略，通常以9结尾。

这种现象用经济学来解释，之所以会出现10不如9珍贵的理论，其实是因为9比10更稀有，而越稀有的商品，其价值就会越高，也就是说如果钻石跟水一样多了，人们结婚的时候可能就不再稀罕什么钻戒了。

通过上面的分析，我们了解到商品的价值与供应的关系，也明白了商品的稀缺性，还知道为什么商场及超市的价格会热衷以9结尾。简单的事例，就能告诉我们很多经济学原理。

本书以我们常见的经济学原理为主线,通过妙趣横生的故事,解释深奥的经济学原理,将身边的生活现象和晦涩的经济学术语联系到一起,让那些没有经济学基础的人,也能运用这些原理来指导自己的工作和生活。

英国文豪萧伯纳曾经说过:"经济学是一门使人生幸福的艺术。"没错,本书的目的就在于让读者找到幸福的钥匙,做一个聪明、理性的社会人。

目 录

第一章 人们面临权衡取舍——资源稀缺 / 01

钻石真的比水更有价值吗——价值悖论 / 02
向别人施舍的人仅仅是为了做好事吗？——理性经济人假设 / 04
在规律和法律框架内追求个人利益——理性经济人 / 06
性格互补的人更容易相处——互补效应 / 08
黄金的作用——货币 / 09

第二章 为了得到某种东西而放弃的可能收益——机会成本 / 13

唐玄宗爱江山更爱美人——机会成本 / 14
牛奶的盒子为什么是方的——成本控制 / 16
德温森被骗走的支票——沉没成本 / 18
为什么支出的约会费用越多，就越执着于追求对方——沉没成本 / 20
免费续杯真的是你占了便宜吗？——边际成本 / 22
当大妈逛菜市场的时候，她在逛什么——交易成本、信息搜寻成本 / 24

第三章 理性人考虑边际量——边际 / 27

为什么梁山伯娶不了祝英台——效用最大化 / 28
罗斯福连任三届总统是什么滋味——边际效用递减 / 30
把梳子卖给和尚——需求法则 / 32

那些年，我们追过的明星——精神需求与粉丝经济 / 36
苹果手机用供给创造自己的需求——萨伊定律 / 37
女模特为什么比男模特的工资高——价格的制定 / 40
郁金香引发的奢侈品原罪——商品的价值和价格 / 42
经济危机中的趣味现象——收入效应 / 44
房子越贵越买——吉芬商品 / 47
为什么女人的衣服扣子在左，男人的在右——习惯经济 / 50
我们在为多少不需要的东西买单——冲动消费 / 53
CPU 真的能卖 1 美元吗？——规模效应 / 55
第一个吃西红柿的人——替代效应、收入效应 / 58

第四章　人们会对激励做出反应——激励 / 63

小孩为什么不来玩了——激励制度 / 64
老板高薪外聘也不给员工涨工资——鲇鱼效应 / 66
你期望什么，你就会得到什么——罗森塔尔效应 / 68
不要随便给孩子贴坏标签——激励 / 70
安全带的法律——激励失效 / 72
航运船上的囚犯——激励的重要性 / 74

第五章　贸易能使每个人状况更好——比较优势 / 77

杨振宁选择理论物理的秘密——比较优势 / 78
贸易竞争的好处——绝对优势 / 80
丑女配帅男 VS 丑男配美女——先动优势 / 83
贸易也能成为一种武器——贸易壁垒 / 85
大卫·李嘉图的极简模型——比较优势理论 / 87

第六章　市场通常是组织经济活动的一种好方法——看不见的手 / 91

政府办的养鸡场为什么赔钱——完全竞争市场 / 93
为什么很多超市都24小时营业——竞争性市场 / 95
为什么汉堡王只在麦当劳旁边开店——霍特林定律 / 97
校园爱情只是看上去很美——不完全竞争市场 / 99
微软垄断与反托拉斯政策——垄断与反垄断法 / 101
王羲之为什么会成为东床快婿——信息对称 / 103
夜叉的烟幕弹——信息的不完全性 / 105
《七宗罪》中对房地产中介的调侃——信息不对称 / 107
为什么二手车市场里好车难卖——劣币驱逐良币效应 / 110
为什么房价会那么高——啤酒效应 / 112
为什么废弃的共享单车越来越多——公地悲剧原理 / 115
如何预防"公地悲剧"的发生——科斯定理 / 117
为什么公园树上的李子很早就被人吃光了——外部效应 / 120
全球气候变暖的因素——外部效应 / 121

第七章　政府有时候可以改善市场结果——政府干预 / 125

财主为什么成为秃头——市场失灵 / 126
汉武帝的"算缗告缗"制度——税率 / 127
人们为什么有底气享受生活——社会保障 / 130
里根为什么只拍四部电影——拉弗曲线 / 131
威力无比的格林斯潘——货币政策 / 133
从教授的实验到橙子的命运——公平与效率、帕累托最优 / 135

第八章 一国的生活水平，取决于它生产物品与劳务的能力——生产率 / 139

宏观经济的晴雨表——GDP / 140

穷人跟富人的差距在哪里——基尼系数、马太效应 / 141

哪里的人更富有——恩格尔系数 / 144

你的需求是什么？——马斯洛需求层次理论 / 147

第九章 当政府发行了过多货币时，物价上涨——通货膨胀和菲利普斯曲线 / 151

装钱的篮子被偷了——通货膨胀 / 152

猪肉涨价和贷款买房的关系——通货膨胀 / 155

从福特到里根，看美国史上的经济衰退——停滞性通货膨胀 / 157

如果你发现最近物价上涨了，先别急着担忧
——通货膨胀与失业的权衡取舍 / 160

第十章 职场、婚恋和理财——经济学应用 / 163

办公室里的帕累托最优现象——二八法则 / 164

为什么迟到一分钟就要受罚——破窗效应 / 168

高收入者的薪水比普通人涨得更快——马太效应 / 170

如何追到美女——博弈论、契约关系 / 171

嫁给一个你爱的人到底值不值——消费者剩余 / 174

帅哥的责任——投资组合 / 176

提前消费的代价是什么——利率与年龄的关系 / 178

为明天投资，比什么都实在——保险 / 180

魔幻般的花钱秘密——信用卡 / 183

双职工家庭比单职工家庭的破产风险更大
——双薪家庭的理财陷阱 / 186

第一章

人们面临权衡取舍——资源稀缺

人的一生，面临着的是无数的选择。可以这么说，生活就是不断地选择，不断地失去。实际上，经济学家早就参透了这个道理，"人们面临权衡取舍"的经济学原理，就道出了这一点，这也是最基本、最常用的一条经济学原理。

"人们面临权衡取舍"是指当人们组成社会时，他们将面临各种不同的权衡取舍。典型的是在"大炮与黄油"之间的选择。当一个社会的支出更多地运用在保卫海岸线上免受外国入侵的时候（大炮），用于提高国内生活水平的消费品（黄油）会相对少了。在现代社会里，同样重要的是清洁的环境和高收入水平之间的权衡取舍。

也就是说，在生活中，其实我们时常会面临选择，而资源稀缺是面临权衡取舍的原因。因为这个世界上的资源不是取之不尽用之不竭的，资源是有限的，所以我们选择其中一样时，就得做好失去另一样的准备。

另外，理性经济人的假设是我们讨论经济学的基本前提。而货币是商品流通的有效支付手段，是促进国际贸易和世界经济发展的重要条件。知道了这些基本条件，我们就可以由浅入深地了解经济学了。

钻石真的比水更有价值吗——价值悖论

《色戒》里的"鸽子蛋"，《泰坦尼克号》里的"海洋之心"，是除了故事里的爱情之外，引人关注的东西了吧。一粒小小的钻石，既不能吃又不能喝，为什么能值那么多钱？能吸引那么多人？其实，当年这个问题也困扰过经济学家亚当·斯密。

经济学上有一个有名的悖论，听起来很值得玩味，就是"钻石比水贵"。如果比用途，我们会发现，水是人类生命之源，没有水，人类就没法生存下去。可是没有钻石，人类不也活得好好的吗？那为什么钻石要那么贵呢？这个问题首先是亚当·斯密提出的，被称为价值悖论或斯密悖论。

为了解决这个问题，亚当·斯密苦恼过很长时间。他刚开始是这样回答这个问题的，就是因为稀缺性。由于钻石很稀少，物以稀为贵，人们为了能够获得钻石愿意出很高的价钱，可是对于水，到处都是，人们可以很轻易地得到，自然就不值钱了。

他在自己的《国富论》中写道：世上一切商品的使用价值和交换价值并不一致。根据他的说法，水对于人体来说是维持生命的必需品，使用价值很高，但与其他商品进行交换的交换价值却很低；相反，钻石几乎没有使用价值，但其交换价值却很大，价格自然也就高了。

其实，亚当·斯密的这个悖论，在我们学习了边际效用的概念后会得到更加准确的解答。在经济学中，效用是指商品满足人的欲望的能力，或者说，效用是指消费者在消费商品时所感受到的满足程度。边际效用指在一定时间内消费者增加一个单位商品或服务所带来的新增效用，也就是总效用的增量。

根据边际效用学派的理论，影响商品或服务价格的是边际效用。他们认为，人对物品的欲望会随其不断被满足而递减。例如，当你午饭吃了三大碗肉丝面，已经特别饱了，再看到肉丝面几乎想吐的时候，第四碗肉丝面的效用对你来说简直就是负的。因此，边际效用会随着商品消费量的增长而逐渐递减。

所以，这也就不难解释为什么钻石比水要昂贵了。原因在于人们对商品的支付意愿取决于额外一单位该商品所产生的边际效用，边际效用又取决于人们已经拥有的该商品数量。水对生命是必需的，但是水的数量很多，额外一杯水的边际效用很小；相反，钻石虽对生存并非必需，但由于非常稀缺，人们认为额外一粒钻石的边际效用很大。正因为这样，在定价的时候，水的价格比钻石的价格要便宜得多。

关于边际效用，第二章和第三章我们还会展开更多讨论。

向别人施舍的人仅仅是为了做好事吗？——理性经济人假设

拥挤喧闹的大街上，一个乞丐面前摆着一个破烂的铁罐子。一个女孩儿经过，往罐子里放了一张面值十元的纸币，还把手里的早餐也递给了他，然后，女孩儿微笑着走开，走向她新结识的男朋友。

看到这个故事，我们多数人会这么想，那个女孩儿，她做了好事，看到有困难的人，便慷慨解囊。

别急，其实这个故事还有续集。又过了几天，还是那条大街，还是那个乞丐。那个女孩儿又经过了，但是这次，女孩儿连看都没看乞丐一眼，更别提给他施舍了。乞丐叫住了女孩儿，问："这位善良的姑娘，你今天怎么不发善心了？"女孩有点嫌弃地说："因为今天我男朋友不在。"然后她就走开了。

原来，女孩给乞丐施舍，并不是因为她想帮助他，而是因为她想通过这件事，给她新结交的男朋友留下一个好的印象。换句话说，她的施舍是有目的的（做给男朋友看），而且目的是利己的（让自己看上去很善良）。

如果用经济学家的眼光来看待施舍问题，我们就会得出结论，一些人的施舍行为，包括那些看上去很利他主义的行为，其实不是"纯无私"的。

著名经济学家加里·贝克尔曾经详细解释了人们的利他主义行为。他说，给乞丐钱的大多数人之所以这么做，仅仅是因为"乞丐的样子让人不太舒服，或乞丐的哀求触动了他们，他们感到不自在或内疚"。人们在街上行走时，往往会躲开乞丐，故意忽略他们，极少主动过去给乞丐送钱，就是这个原因。

综上所述，即便是利他主义行为，其动机也可以归结为利己的。这其实就是经济学的基本假设——理性的经济人假设。

亚当·斯密在《国富论》中也阐述了理性经济人，"我们每天所需要的食物和饮料，不是出自屠户、酿酒家和面包师的恩惠，而是出于他们自利的打算。我们不说唤起他们利他心的话，而说唤起他们利己心的话；我们不说我们自己需要，而说对他们有好处"。这段论述表明：人和人之间是一种交换关系，能获得食物，是因为每个人都要获得自己最大的利益。

在经济学中，所有人都被假设为理性经济人，就是说，我们的经济活动或者所做的选择，是以实现自己的利益最大化为目的的。这种假设，已经成为经济学研究的根基。没有这种假设，我们就无从认识经济学的规律，更不能制定出切实可行的经济政策。

当然，需要指出的是，我们并不赞扬利己性，这只是一种假设，人不可能处处以经济人的视角观察世界。因为，这个世界除了金钱、交易，还有更加有价值的东西，比如荣誉、美德，等等。

所以下次遇到需要帮助的人时，不妨还是发发善心，多做点好事吧。

在规律和法律框架内追求个人利益——理性经济人

让我们发挥想象，灵魂拷问，如果每个人都是无私奉献的，这个世界真的会变得更好吗？

假如世界上有一个君子国，在这个君子国里面，人人都大公无私，不能存有半点私心。所以，在君子国交易，买家往往要多给钱，而卖家却少要钱，和我们平常的交易情景正好相反，那会得到什么结果呢？让我们模拟一下：

买方："我向你买东西所付的钱已经很少了，你却说多，这是违心的说法。"

卖方："我的货物既不新鲜，又很平常，不如别人家的好。我收你付价的一半，已经显得很过分，怎么可能收你的全价呢？"

买方："我能识别好货物，这样好的货物只收半价，太有失公平了。"

卖方："如果你真想买，就照前价减半，这样最公平。如果你还说这价格太低了，那你到别的商家那儿去买，看还能不能买到比我这儿更贵的货物。"

一番争执后，买东西的人给了全价，拿了一半的货物转身就走。卖主坚决不让走,路人驻足观看,都说买东西的人"欺人不公"。最后,买东西的人拗不过大家,只好拿了上等与下等货物各一半才离开。

当然,现实生活中,这种人人都利他的行为和思想是不会出现的。经济学研究的前提,就是理性经济人假设,是指每个人的行为或者选择,都是为了自身利益的最大化。

那么有人就会问了,如果人人都是理性经济人,都是理性且自利的,社会秩序不会变得很乱吗?难道不是人人无私奉献才会让这个世界变得更好吗?

以亚当·斯密为代表的经济学家给出了回答:"他追求自己的利益,往往使他能比在真正处于本意的情况下更有效地促进社会的利益。"也就是说,人人都是理性经济人,更能在客观上维护社会的秩序。

换句话说,理性经济人主观上一切为自己的私利打算,客观上却能增加整个社会的福利。从另一个角度看,上面的君子国的设想给我们的答案是,人人无私并不会使得人类的资源进行有效分配。

这么看来,经济学更像是一门人性学科,它认为的所有人都是理性经济人,其实就是秉承了对人性的认识,但却并不是为了鼓励利己性,而是承认这是无法更改的人性,承认理性经济人的存在,只是因为我们人类都是具有趋利的本性的。当然,这并不是我们在现实生活中为了实现自身利益最大化就不择手段的借口,必须通过市场经济的规律和相应的法律制度来约束人类的行为。

经济学是不鼓励为了私利不择手段的行为的,之所以称为理性的经济人,就是指我们的言行举止都是在遵循客观经济规律和遵守法律的框架内进行的。

性格互补的人更容易相处——互补效应

其实对我们个人而言，我们人性中缺乏的东西也可以被视为一种稀缺资源。通常，当我们看到在性格、爱好、能力等方面和我们互补的人时，我们很容易和他们亲近，甚至产生很深的感情。

心理学上有一个名词叫互补定理：人们对自己缺乏的特质会有一种饥渴心理，如果交往的双方在需要、气质、性格、能力、特长等方面存在差异，且正好存在互补关系的时候，两个人不但相互吸引，而且最容易相处。

用经济学也可以解释互补效应：人们不仅仅有获得认同的需要，同时也有获得自己所欠缺的东西的需要。如果能够用对方所欠缺的特质来吸引和影响对方，不但对你们之间的友谊有很大的帮助，还能够共同合作实现利益最大化。

鲍尔默是微软的最高管理者，比尔·盖茨原本自己经营微软公司，但是不久以后，他发现自己最喜欢和精通的还是技术层面的事，对于管理方面则有些力不从心。于是他便邀请昔日同窗——鲍尔默来帮自己管理微软，专门负责公司的运营。

他们两个果然是非常好的搭档——鲍尔默对管理工作充满激情，盖茨对软件开发更痴迷。鲍尔默追求掌控员工的权势感，盖茨则享受挣钱的安全感。当然他还聘请了资深的理财经理米歇尔帮他理财，于是微软变成了一部快速运转的赚钱机器。

所以最佳组合不见得是和高人在一起，而是和产生最高效率的人在一起。马云曾经说过这样一句话："当你有一个聪明人时，你会非常幸福，因为所有事都不用你操心。当你有一群聪明人时，你会非常痛苦，因为谁都不服谁。"所以并不是最有才华的人组合在一起才能够产生最高的效率，而是才能要互补，最好性格也要互补，方可收获更高的效率，避免更少的冲突。

我们在平时的相处中，也会发现，关系最好的两个人，他们往往在三观上比较一致，但是在小的细节上，比如兴趣、爱好、性格方面，都能够互为补充，否则相处起来就容易火星四溅或互相拖累。

人们之间的相似性和互补性都能够使人更有亲近感，不过并不矛盾，因为互补不是不同或者针锋相对，而是人们对自己"影子性格"的一种相恋。从经济学角度来讲，人们追求的、苦苦寻找的那个"影子人格"，其实是对一种稀缺资源的执着。

给大家一些小建议：与人合作时，要找与自己需求和性格互补的人，能够达到更高的效益，而不会出现"内耗"；在与人交往中，可以表现自己性格的不同侧面，来弥补对方的不足，或吸引对方；尊重对方的性格，互补的双方一定要尊重彼此间的不同，才能更好地相处。

黄金的作用——货币

古有"乱世买黄金，盛世藏古董"的说法。黄金之所以在乱世显得特别珍贵，是因为它的价值很稳定，是人们用于保值的最佳手段。到了盛世时期，经济社会趋于稳定，黄金的价格也变得稳定起来。那么，资金就会流向更加有利可图的物品，比如价格日渐增长的古董。所以才有了"乱世买黄金，盛世藏古董"的说法。

黄金是一种国际通用的货币。货币大概是人类社会最为神奇的发明，正是有了它，不同种族、不同地域甚至不同时空的人们才有了交汇融合，发生联系的可能。

在经济学的理论里，货币不是指某种形式上的存在，而是在社会上必须具备以下五项功能，才能称之为货币，一是价值尺度，二是交通手段，三是贮藏手段，四是支付手段，五是世界货币。

交易媒介是可以拿来交换任何待售商品的某样东西。如同美国幽默作家安布罗斯·比尔斯所说："金钱对我们没有任何用处，除非把它花掉。"

作为价值储存的工具，货币是可以暂时持有而不会失去购买力的物品。因为粮食会坏，布匹会破损，牲畜会死，他们不能长期储存，只有黄金是可以长期完好流传的。所以粮食、布匹、牲畜不能作为货币，而黄金可以作为货币。大部分商品的价格是用货币来衡量的，黄金是最为方便计价也最容易按标准计价的物品。

一样东西要想成为货币，必须具备以上这五种功能。黄金具有货币的全部要素，因此几千年来，它都是世人公认的最有价值的产品。货币具有极其特殊的性质，在充当一般等价物的过程中，如果失去了硬通货的有力信用保障，那么货币就等同于一堆废纸。

正是因为黄金具有硬通货的能力，所以在过去很长时期内，都充当着十分重要的金融工具。在古代的欧洲，金币是通用的货币，而在过去的中国，金币、金砖、金条、金元宝等都是长期流通的货币。还有什么比黄金更适合当货币呢。

世界历史上，以黄金为本位币的货币制度——金本位制流行了很长一段时间。但黄金的数量是有限的，货币供应受到黄金数量的限制，不能适应经济增长的需要。黄金的有限产量限制了日益增大的国际贸易的自由。

这时候联合国货币金融会议发话了，既然黄金那么稀缺，以后大家就用美元结算吧。这就是后来长期存在的布雷顿森林体系。所以，这种制度又称为以美元为中心的国际货币制度。即便如此，黄金仍然是一个非常重要的货币形式，因为纸币的问题是可以滥发滥印，最终逃不过通货膨胀的魔咒。而黄金，始终比较稳定。

2020年4月17日，中国央行宣布数字货币即将发行。这一举措最重要的意义，在于顺应数字经济时代的发展浪潮，降低全球现有货币的不利影响，推进人民币国际化。

第二章

为了得到某种东西而放弃的可能收益——机会成本

经济学家米尔顿·弗里德曼曾经说过,"如果要用一句话概括经济学,那就是世上没有免费的午餐"。这里所谓的为午餐付出的"费",其实就是机会成本。

机会成本:一种东西的机会成本,是为了得到这种东西所放弃的东西。当做出任何一项决策,得到一样东西时,你会失去另一样东西。比如,为了赚钱养家糊口,你消耗了自己的时间,并且外加脑力或者体力,时间、脑力和体力,就是你的机会成本。

再比如,我们选择上大学,其实也是要花费机会成本的,这个机会成本就是为了上大学而必须放弃的其他机会。这就解释了国外有些到了上大学年龄的运动员,为什么选择退学而从事职业运动,因为从事职业运动能让他们赚取几百万美元,这几百万美元就是他们上大学的机会成本,非常高。他们放弃上大学,是因为对他们来讲,不值得花费这么大的机会成本来获得上大学的利益。

这一章我们还会涉猎到沉没成本、边际成本、成本控制、交易成本、信息搜寻成本的概念。明白了这些概念,我们对待人生的态度也许会更加豁达——拿得起,放得下。懂得覆水难收的道理,也许对一些无法挽回的事情就不会那么执着了。

唐玄宗爱江山更爱美人——机会成本

唐玄宗登基之初,国家的实力远不如武则天时期繁荣与强盛,而且还出

第二章 为了得到某种东西而放弃的可能收益——机会成本

现了生产凋零、吏治混乱、贪污腐败等许许多多的问题。于是唐玄宗便决定选贤任能，大力发展经济，重振国威。

唐玄宗采取的是任人唯贤的策略，姚崇提出的治国策略，他都一一采纳并执行，所以才创造了唐朝前期的繁荣，唐玄宗严厉整顿了吏治，从而大大减少了贪污腐败的现象，官员的办事效率也提高了。同时，唐玄宗还集思广益，戒骄戒躁，大大促进了社会生产力的发展，国库也因此增加了很多收入。全国各地出现了一片繁荣景象，一个新的盛世诞生了。

然而好局面开创之后，唐玄宗沉迷享乐。由于杨贵妃备受唐玄宗的宠爱，其家族成员杨国忠也因为这层裙带关系而平步青云，败坏朝廷。唐玄宗没有珍惜得来不易的江山，终日与杨贵妃玩乐，不问朝政，最终引发安史之乱，唐朝从此由盛而衰。

"爱江山更爱美人"的唐玄宗付出的代价是很大的。

"经济学的本质就在于选择"，正是这个故事告诉我们，在选择了一种资源时就需要放弃另一种资源，亦即机会成本。唐玄宗的机会成本是什么呢？一开始，他为了治理好国家，而放弃享乐的生活，这些享乐就是他的机会成本。等到大唐盛世之后，他把大量的时间花在享乐上，把天下之事抛于脑后，不理国事，"爱江山更爱美人"，可以说为了杨贵妃放弃了整个大好河山，这时候，一片盛世就是他沉迷享乐的机会成本。这个成本，的确太高了。

机会成本是经济学中的一个核心概念，只要涉及选择就必然存在机会成本，因此机会成本贯穿于整个经济学之中，包括微观经济学和宏观经济学。例如，消费者在选择是储蓄还是消费的时候，就存在为了储蓄即为了未来的消费，而不得不损害当期的消费的问题，这就是一种机会成本。

比如，大学生毕业后是选择工作还是选择继续读研究生呢？如果继续在校读研究生，那么在读研期间损失的工资收入也是一种机会成本。由此可见，机会成本在我们的生活中比比皆是。如果不存在机会成本，那么无论怎么选择，我们也不会因为得到什么而失去什么，也就更不会珍惜什么了。

古语有云："失之东隅，收之桑榆。"这句话就告诫我们在某些方面失去了，就会在另外一些方面有所得，这就是机会成本。在大学的生活中，很多人因为成功恋爱了而沾沾自喜，也有人因为失恋而郁郁寡欢。但是千万别忘记，你为了得到爱情，必然会失去或者放弃某些东西。而你失去了爱情，也必将会通过其他的形式来找回。

因为得到的东西可能是你放弃的结果，失去的时候又可能是你得到的开始。当你真正懂得了什么是"机会成本"的时候，相信你一定能够达到"不以物喜，不以己悲"的豁达心态，只有这样，生活才会变得更加精彩。

牛奶的盒子为什么是方的——成本控制

我们在逛超市的时候，会发现一个有意思的现象：超市里那些花花绿绿的软饮料瓶子，不论是玻璃制的，还是铝罐的，抑或是塑料瓶子，都是圆柱形的设计。唯独牛奶盒子，是方形的。牛奶和饮料，有什么区别吗？为什么牛奶要装在方形盒子里，而其他饮料大都装在圆柱形瓶子里呢？

有人分析原因之一可能是，软性饮料大多是直接就着容器喝的，所以，由于圆柱形容器更称手，抵消了它所带来的额外存储成本。而牛奶却不是这样，人们大多不会直接就着盒子喝牛奶。

也有人分析说，软饮料和酱油、啤酒等液体产品，用圆形瓶装不易被损坏，因为瓶子的内压小，较之方形容器也不容易变形，所以就被沿用下来。

需要保鲜的牛奶，若用圆形瓶子盛放，则无法长期保存，一般一两天，至多一周就会变质，给人们带来了极大的不便。

后来，为延长牛奶的保鲜期，一种新的包装——利乐装诞生，一下子解决了牛奶的盛放问题，从而被广泛应用。

上述人们的说法都非常有道理，但如果从经济学角度进行一番深入分析，那我们的视角又将开阔许多。让我们先来引入固定成本的概念。

固定成本，又称固定费用，相对于变动成本，是指成本总额在一定时期和一定业务量范围内，不受业务量增减变动影响而能保持不变的成本。固定成本总额只有在一定时期和一定业务量范围内才是固定的，这就是说固定成本的固定性是有条件的。

其实，企业在给牛奶或者饮料选择包装的时候，不仅要考虑消费者的使用习惯问题，更重要的是要考虑生产成本、运输成本、储存成本等一系列问题，总之，其目标都是实现利益最大化。

通常，圆形被认为是一种较科学、省料、容易制造又不易被损坏的包装。因此，软饮料一般放在圆形瓶子里，可以在为生产商节约许多固定费用的同时，增加更多收益。

那么，为什么要用方形的盒子盛放牛奶呢？是因为牛奶是需要保鲜的液体，用方形盒子可以为生产商缓解因保鲜处理不当而带来的麻烦和损失，也是减少其固定成本的一种方式。

牛奶和软饮料的区别就在于，圆形瓶子装的软饮料大都放在比较便宜的货架，其运营成本比较低。而牛奶需要保鲜，要被放置在冰柜里保持冷藏，运营成本也比较高。方形的设计，能够放得下更多体积的牛奶，同样的空间可以存放更多的牛奶，从而减少了运营成本。

如此说来，无论是圆形瓶子还是方形瓶子，只要运用得恰到好处，就会十分合理。

由此可见，在使用方形瓶子还是圆形瓶子的问题上，生产商将节约成本和为消费者提供便利和实惠的问题考虑得十分到位。如此，饮料生产商们在固定成本投入较少的情况下，获得了最大收益。

德温森被骗走的支票——沉没成本

阿根廷有一位著名的高尔夫球运动员叫罗伯特·德温森，有一次，他赢得了一场比赛，并且得到一张支票，那是发给他的比赛胜利的奖金。当时，他拿着支票正准备驱车回俱乐部，一个年轻女人拦住了他的去路。这个女人见到他就卖惨，说自己的孩子得了重病需要钱治疗。德温森丝毫没有犹豫就把钱给了那个女人，真心祝福孩子能早日康复。

后来，德温森从朋友那里得知，那个女人是个骗子，她根本没有病重的孩子,都没有结婚呢。德温森听了之后不仅没有生气,反而高兴起来,说这是他这周以来听过的最好的消息。面对金钱的失去,德温森看得非常通透,钱已经没有了,但是有个好消息是,没有得病的孩子,这就够了。对于德温森来说,送出的支票就是沉没成本,收不回来了。

同样是面对失去,印度的"圣雄"甘地也表现出豁达的气度。一次,甘地乘坐火车出行,当他刚刚踏上车门时,火车正好启动,他的一只鞋子不慎掉到了车门外。就在这时,甘地麻利地脱下了另一只鞋子,朝第一只鞋子掉下的方向扔去。有人奇怪地问他为什么,甘地说:"如果一个穷人正好从铁路旁经过,他就可以拾到一双鞋,这或许对他是个收获。"

无论是德温森的支票还是甘地的鞋子,对于他们而言都如同泼出去的水,但他们都以博大的胸襟坦然面对自己的"失"。在经济学中我们引入了沉没成本的概念,代指已经付出且不可收回的成本。

举例来说,如果你预订了一张电影票,已经付了票款而且不能退票。但是看了一半之后觉得很不好看,此时你付的钱已经不能收回,电影票的价钱就是沉没成本。无疑,甘地的一只鞋子和德温森的支票都已经成为"沉没成本"。

有时候,沉没成本也可以表现为价格的一部分。比如,如果你买了一辆自行车,过几天不想骑了,又把它卖掉。那你当初买这辆自行车的价格和你在二手市场上卖出的价格之差,就是你付出的沉没成本。很明显,沉没成本是随着时间和损耗程度而逐渐增加的。时间越长,损耗越多,你的沉没成本越大,那么你卖出去的价格也就越低。

不计沉没成本反映了一种向前看的心态。对于整个人生历程来说,我们以前走的弯路、做的错事、受的挫折,何尝不是一种沉没成本?过去的就让它过去，总想着那些已经无法改变的事情只能是自我折磨。

我们以前说过的话，做过的事，说了就是说了，做了就是做了，再也回不来。即便你反悔了，事实也没有办法更改。对于人生来说，过去的每一秒都是沉没的，如果想赢得未来的成功或者幸福，就是不浪费当下的每一刻，否则你的现在，又会成为下一秒的沉没成本。所以，那些追悔莫及都是不理性的，徒然给自己增加痛苦。

所以，应该承认现实，勇敢地承认自己过去言行的对与错，把已经无法改变的"错"视为昨天经营人生的坏账损失，今天经营人生的沉没成本。以全新的面貌去面对今天，这样才是一种健康的、快乐的、向前看的人生态度，以这样的态度去面对人生才可能轻装上阵，才可能有新的成功。

为什么支出的约会费用越多，就越执着于追求对方——沉没成本

有一位好朋友，他在结婚之前谈恋爱的时候，就和女朋友经常闹别扭，可是最终还是将这个女孩子娶回了家。可是新婚不久，他就和太太爆发了冲突，这位朋友依然选择继续婚姻。他的解释很好理解：好不容易追到手的女孩子，如果现在就离婚，那以前付出的那么多不都打了水漂了吗？

这位朋友所说的以前的付出，其实就是一种沉没成本。因为太高，所以他不愿意轻易就丢掉。

一种解释认为，之所以出现沉没成本心理效应，是因为通常人们在心理上不愿意接受先前的投入无果。比如我们下班后照常等公交车，但某天突降大雪，等了半个多小时公交车还没来。如果从这里打车回家要花20元钱，乘公交车只要2元钱。通常大家会认为，等了很久再去打车，岂不是白等了。所以常常会选择继续等下去。

当然，心理学上有一种解释是，人类有一个通病，就是喜欢自我维护、自我分辩，总是会给自己的决策找出一种合理的解释，而不愿意承认自己做的其实是错的。所以，就沉溺在沉没成本中，放不下执念，还希望延续先前的选择。

日常生活中人们在后继决策时，总会考虑先前为此投入的成本。也就是说，人们在决定是否去做一件事的时候，不仅会看眼下这件事对自己有没有好处，也会考虑过去是不是已经在这件事上有过投入。比如赌博的人，越输越赌，就是这个原因。

面对沉没成本，我们一定要注意从容应对，避免造成更大的损失。保持理性，只需要考虑眼下的事情本身，不计较以前和这件事情相关的成本。比如，在对待孩子学琴这件事情上，不管此前花了多少钱，把所有的费用预先支付，并且不可以退费。这样，如果你的孩子没有学琴的天资和兴趣，就不该让学琴成为孩子痛苦的深渊。

另外，我们可以换个角度看问题。设想如果先前没有付出或付出较低，你会如何决策。例如，你需要卖掉一套藏品，可市场价格比当初你买的时候还低了，这时候不妨想想，假如这套藏品是人家送的，你会接受怎样的价格？这样，你就会坚定地放弃已经沉没了的付出，及时做出现实的选择。

所谓覆水难收，想想再拖下去对你来说是一种精神折磨，那么以前再大的付出也要懂得舍弃了。婚姻关系中，能够维持一定的稳定性，说白了，也和沉没成本的心理效应有一定关系。

免费续杯真的是你占了便宜吗？——边际成本

有一位同事，有一次去麦当劳吃饭，发现咖啡可以免费续杯，于是就把喝完的空杯子带走了。之后每天下班都要到麦当劳续杯咖啡。搞笑的是，有一天他照例去续杯，服务员很礼貌地问了句："先生，您这杯子破了，要不要换个新的？"

当然，这是一个小小的玩笑。大家可以去各大城市试一试，麦当劳的咖啡，的确是可以免费续杯，无限量饮用的。

那么，如果麦当劳这么卖咖啡的话，是不是会赔了？是不是你喝三杯就赚了呢？当然不是。冲一杯咖啡，无非就是消耗一点咖啡粉和一杯开水而已，所以即便是每个人都来续杯，也不会亏。这项优惠反而会吸引更多的人来就餐，人越多利润越大，所以整个利润还是在不停地增长。

看似一个小小的免费续杯的活动，其实里面包含了很多经济学的原理，其中最重要的一点，就是麦当劳巧妙运用了边际成本的概念。

首先，麦当劳不是纯粹以卖饮料为主营业务的，这样餐厅就不需要在每一项商品上都索取高于成本的费用。就是说，只要餐厅的总营业收入高于所卖出商品的总成本即可盈利。在上述案例中，麦当劳的主营业务是汉堡包等快餐，所以饮料的成本可以分摊到快餐中去。

餐厅经营的成本很大，卖出一杯咖啡需要的成本包含了房租、人工费、机械费等。所以，一般来说，餐厅里的咖啡价格与市场上的价格相差很大，但是这些成本仅限于第一杯，到了第二杯的时候，成本就仅仅只是一杯普通饮品。也就是说，后续的成本小到几乎可以忽略不计。所以，为顾客提供免费续杯，经营者其实不会损失什么。但是无限续杯往往能够通过口口相传，吸引更多的顾客。在消费者眼里，他们会觉得自己是占了大便宜。

当然，麦当劳的这个小小的举措，还蕴藏着我们后面即将要讲的边际效用递减规律。对于一般消费者而言，即使胃口大，也喝不过三杯咖啡。到了第三杯，顾客会大大减少免费续杯的数量。正是因为了解顾客这样的心理，麦当劳才会推出免费续杯又不担心自己会亏本。

在经济学上，边际成本指在一定产量水平下，增加或减少一个单位产量所引起成本总额的变动数，用以判断增、减产量在经济上是否合算。

举个例子，生产某种产品100个单位时，总成本为5000元，单位产品成本为50元。若生产101个时，其总成本为5040元，则所增加一个产品的成本为40元，边际成本即为40元，这时候这个产品是合算的。当产量未达到一定限度时，边际成本随产量的扩大而递减，但当产量超越一定限度时，就会转而递增。因此，当增加一个单位产量所增加的收入高于边际成本时，是合算的；反之，是不合算的。

当大妈逛菜市场的时候，她在逛什么——交易成本、信息搜寻成本

很多年轻人不能理解大妈逛菜市场，为了能找到质优价廉的农产品，可以在菜市场逛一上午。如果听到某个摊贩的菜比现在的便宜两元钱，就是再远也要去看一看。而你去逛菜市场，可能连问都不问价格，就在一个摊贩前把所有能买到的菜都买了。

大妈会说："年轻人啊，不懂得柴米油盐贵，不会节约用钱。"

你则会反驳："为便宜那两元钱，花那么多时间，值得吗？"

看起来双方讲的似乎都有道理，但是背后的真正根源是什么呢？如果我们用交易成本这个概念来分析，就能明白其中的原因了。

首先，大妈逛菜市场，花费了很多时间，假如说有两小时，这个时间就是大妈买菜时用掉的交易成本，在这里可以细分为信息搜寻成本。你买菜，可能只用了20分钟，这就是你用掉的交易成本。但同时，你比大妈多花了10元钱。

在这里，有一个问题，大妈花费两个小时，你花了20分钟，大妈的交易成本就一定比你的交易成本高吗？答案是不。因为对大妈来讲，时间有得是，时间对她来说，并不是那么值钱。而对你来讲，节约下来的这一个多小时时

第二章 为了得到某种东西而放弃的可能收益——机会成本

间，你还可以创造更多的价值。这就是你和大妈做出不同决策的本质原因。

交易成本是指交易费用，是达成一笔交易所花费的成本，也指买卖过程中所花费的全部时间和成本。比如传播信息、广告、与市场有关的运输以及谈判、协商、签约、合约执行的监督等活动所花费的成本。这个概念最先由新制度经济学在传统生产成本之外引入经济分析中。

交易成本理论是由诺贝尔经济学奖得主科斯提出的，他在《企业的性质》一文中指出，交易成本是通过价格机制组织生产的，最明显的成本，就是所有发现相对价格的成本、市场上发生的每一笔交易的谈判和签约的费用，以及利用价格机制存在的其他方面的成本。

怎么来理解呢？就拿我们身边的很多实例来说。假如周一的早晨，你急急忙忙去排队等公交车上班，结果左等右等还不来。没来得及吃早餐的你，看到车站旁边有一个早餐车，于是决定去买个鸡蛋灌饼，边吃早餐边等车。结果，早餐车旁也在排队，等好不容易轮到你的时候，灌饼已经卖完了，你没有买到灌饼，而你等的那路公交车，也已经开走了一趟。等你乘下一趟公交车到达单位的时候，已经迟到了，领导为此扣了你工资。

在这个不如意的早晨，你为了去单位花费的等公交车和等早餐的时间，以及因为迟到而蒙受的损失，都是你和单位之间的交易成本。

同理，一个喜欢吃零食的人，常常去楼下的小卖部买零食，而不去更远一点的超市买相对便宜的，也是为了图省事或者方便而为此花费了交易成本。因为，买零食的人其实不自觉地，已经在心中算了一笔账，就是在楼下多花5元钱买零食，和为了去超市花费的时间和精力相比，哪个更贵？

就是说，我们在进行每一种交易行为时，都会为此或多或少地花费交易成本，有些是我们不容易发现的，有的则很明显。

可见，交易成本在我们日常生活的价格体系中，发挥着非常重要的作用，如果能合理地控制交易成本，就能够将我们的资源（时间、金钱等）花费到更加合理的地方去。这真是一门非常精妙的处世哲学呢。

第三章

理性人考虑边际量——边际

边际在经济学中是一个非常重要的概念，直接影响我们的决策，也可以用来解释我们身边的很多经济现象，比如粉丝经济、口红效应、萨伊定理、吉芬商品，等等。

"边际量"是指某个经济变量在一定的影响因素下发生的变动量。边际在经济学中指的是每一单位新增商品带来的效用，这就是生产或消费的边际。比如，边际成本指每一单位新生产商品的成本。通常边际成本要低于平均成本，因为平均成本包括了固定成本。边际收益指从每一单位新增商品中得到的新增效用。

个人和企业通过考虑边际量，将会做出更好的决策。记住，当一种行动的边际收益大于边际成本，一个理性决策者才会采取这项行动。只要有行动，就有了供给和需求。所以商品的供需法则也是我们重点讨论的内容。

边际效用是消费者从每一单位新增商品或服务中得到的新增的效用（满意度或者收益）。一般假设边际效用随着消费量增加而减少，所以某人某天里从第十个炸面包圈得到的满足要少于第一、第二个。这就是我们所说的边际效用递减规律。

为什么梁山伯娶不了祝英台——效用最大化

在人们的生活中，爱情和婚姻是谁也躲不开的话题。

既然梁山伯与祝英台相信爱情，那么，是什么造成了梁祝的悲剧呢？

其实一个重要的原因就是两人在选择对方的时候，忽略了一个普遍存在的经济学定律——效用最大化原则。这个原则通俗一点来讲，就是人们在进行选择的时候，总是期望用很小的付出（成本）获得最大的效用（收益）。

回过头来看梁祝的故事。祝英台出身于官宦之家，梁山伯出身于贫民之家，两家的资源并不匹配，一个有钱有权，一个没钱没权，也就是我们常说的门不当户不对。祝员外早就算了一笔账，如果祝英台嫁给梁山伯，那么祝英台要付出很高的机会成本，才能得到一个自己爱的人，而这个人能给予女儿的，除了爱这个资源之外，没有其他。这么看来，祝英台真是亏大发了。所以祝员外才将自己女儿许配给了地主马文才。这样，自己财产不会损失，两家利益互换。

这就是经济学中的追求效用最大化原则。那如果祝英台嫁给了梁山伯，结局就真的幸福吗？两个家庭背景、教育背景不同的人，整天生活在同一个屋檐下，必然会产生价值观、消费观、世界观等的冲突和磨合，很难说两个人在只有爱情的滋养下，能够克服这些不同而和谐地生活在一起。

追求效用最大化是经济学的一条普遍原则，经济学家在分析厂家的生产行为和消费者的消费行为时，在为国家制定宏观的经济政策时，都会按照这一原则，来对经济学现象进行研究。这一原则落实到生活中，就是我们所讲的理性选择——当人们在寻找对象时，总会形成一个属于自己的选择标准。比如身高、容貌、职业、收入、受教育程度、家庭背景等。从经济学角度考虑，则每个人在寻找对象时，都要根据自己的要求，做出理性选择。

那么婚姻这件事情在经济学家眼中又该做何解释呢？著名经济学家贝克

尔写过一部著作叫《论婚姻》，把婚姻的实质作了一番解释。站在这位经济学家的角度，婚姻不过是一次利益最大化的理性选择。扎心又现实啊！人类可能很大程度上不愿意接受这个事实，但是从经济学的角度来看，婚姻，的确是两个具有理性的自由男女，组成的一个家庭责任有限公司。在这个公司里，夫妻双方都要为这种关系负责。如果双方的成长环境和生活环境相当，也就是门当户对的话，那么婚后的摩擦和冲突就少，婚姻的不确定因素就会减少。如果双方差异过大，那么婚后的共同生活，难免会因为彼此的一些不一样的习惯而产生矛盾。

在选择结婚对象时，心理上的门当户对非常重要。两个人在一起，如果能在心理上相互调节到最佳状态，那么，有共同语言的他们必定婚姻更长久和幸福。

所以，我们不得不佩服古人的睿智，梁祝的故事并没有一个美满的结局，反而是一种经济学上的"合理的结局"，也许古人早就料到，如果梁山伯与祝英台真的生活在一起，过起日子来，远不如变成蝴蝶那么浪漫和壮烈吧。

罗斯福连任三届总统是什么滋味——边际效用递减

罗斯福在连任三届总统后，曾有记者问他有什么感想。当时，他没有做

第三章
理性人考虑边际量——边际

任何回答，而是拿了一块面包给记者吃，记者不明白罗斯福的用意，又不方便问，就只好吃了。紧接着，罗斯福又拿出第二块面包，记者又勉强吃了。随后，罗斯福又拿出了第三块面包。为了不让自己的肚皮被撑破，记者立即婉言谢绝。此时，罗斯福微微一笑，说道："现在，你知道我连任三届总统的滋味了吧！"

这个故事揭示了经济学的一个重要原理——边际效用递减规律。

边际，是指最后一个；效用，是指物品满足人欲望的能力，即消费者在消费商品时所感到的满足程度。综合起来，边际效用就是指消费某种物品时，增加最后一单位消费所增加的满足程度。例如，很多上年纪的人都有这样的体会：即使天天吃山珍海味，也吃不出当年过年饺子般的香味。随着生活的日渐富裕，人们在物质上却越来越难得到以往的那种满足感和幸福感，这就是边际效用递减。

美国当代经济学家保罗·萨缪尔森在将幸福当作一个经济问题进行研究时，提出一个幸福方程式：

$$幸福 = 效用 \div 欲望$$

从这个公式我们可以看出，幸福来自两个因素，一个是效用，另一个是欲望。欲望在分母上，而效用在分子上。也就是说，一个人的欲望越大，在效用一定的情况下，这个人获得的幸福感就越少。而欲望越小，则越容易获得幸福感。所谓知足常乐，说的就是这个道理。

在上面的故事中，记者吃完第一个面包的边际效用可能为 10，吃完第二个面包的边际效用可能是 5，而吃完第三个面包的边际效用就只能是 0 了。这几个数字说明，随着食用面包数量的增加，记者的边际效用随之递减。

边际效用的递减规律，对于企业的经营者是一个重要的启示，说明消费者购买物品，也是为了实现效用的最大化。如果这个商品的效用越大，那么消费者愿意为之付出的价格自然就会更高。所以，当企业做生产和经营决策的时候，第一个要考虑的就是，这种商品或者服务，能不能为消费者带来效用。

如果企业想让自己的产品卖得快，并且能够卖高价，就必须分析消费者的心理，研究消费者的偏好。满足了消费者的偏好，也就满足了他们感觉到的效用。如果一家企业想取得成功，不但要了解当下的消费时尚，还要善于发现将来的消费时尚。唯有如此，才可以清楚地了解消费者的需求偏好和变动情况，并及时开发出能够满足消费者偏好的商品。

所以，企业要想更好地发展，就要不断地进行产品创新，生产不同的产品以满足消费者的需求，从而减少因边际效用递减带来的负面影响。

把梳子卖给和尚——需求法则

有一句俗语"好胳膊好腿儿不如一张好嘴"。确实，世界上没有卖不出去的东西，只有不会卖东西的人。如何把梳子卖给和尚，是一个经典的营销故事，但是也十分精准地反映了经济学的一个重要定律，那就是需求法则。

美国经济学家保罗·萨缪尔森曾经说过,其实经济学并没有我们想象的那么难,我们只要掌握两件事情即可,一件事是供给,另一件事是需求。

商品的需求是指消费者在一段时间内,愿意在一定的价格条件下,购买自己所需要的商品。需求在这里不是指自然和主观的愿望,而是有效的需要,指的是能负担得起的购买力。也就是说,需求包含两个条件:一个是消费者想买,另一个是消费者买得起,即有购买能力。

和尚和梳子之间,似乎是风马牛不相及的。但是,聪明的人,总是能让这两者产生联系,而且,不是一般的联系,是一种交易关系。让我们来看看聪明人是怎么向和尚卖梳子的吧。

有一群人去应聘一家公司的销售,公司的HR给这一群人出了一道题——到寺庙推销梳子,期限是7天,卖出梳子最多的那个人将被录用。寺庙里都是和尚,他们都没有头发,向他们推销梳子,怎么可能呢?于是很多人打了退堂鼓,只有小李、小王、小张三个人接受了这个挑战。

7天时限到了之后,三个人到HR这里汇报情况,居然都把梳子卖出去了。但是,小李卖出了10把,小王卖出了100把,小张则卖出了1000把。为什么同样是卖梳子,会有这么大的区别呢?让我们来看看这三个人的表现吧。

小李跑了三座寺庙,都被拒绝了,但是仍然坚持不懈地推销。前五天,他一把梳子也没卖出去。到了第六天的时候,他突然灵机一动,跟和尚说:"头应该经常梳梳,不仅是为了梳头发,没有头发还可以给头皮止痒嘛。

就算是头皮不痒，梳一梳还可以活络经血，有益健康。"有的和尚听了他的话，相信了，真就买了他的梳子。当然，这样的和尚不多，所以他卖出去10把。

小王去的古寺在一座很有名的山里，风特别大，上山的客人头发常常被风吹乱。小王就是抓到这一点，对寺里的住持建议，应该在每座香案前放一把木梳，供客人梳头。住持一听有道理啊，就给每个香案配了10把木梳。寺庙里有10个香案，于是，小王就卖出去100把木梳。

小张去的地方就更神了，那是一座深山宝刹，名扬天下。于是小张直接告诉方丈，来寺里上香的人，都怀着一颗虔诚的心，宝刹这么受大家喜爱，应该对这些客人有所回赠。他建议方丈在梳子上写上"积善梳"，然后把刻着字的梳子赠送给客人们。方丈听罢立刻买了1000把梳子。

在上面的案例中，我们可以看出，消费者的购买欲望是受外在环境影响的。小李、小王和小张之所以卖出去的数量不同，是因为他们对购买需求施加的影响不同。另外，卖出去梳子的多少，还和购买力相关。小寺庙和宝刹的购买力，还是有很大差距的。

一种商品和服务的需求数量，受许多因素的影响和制约。

第一是受商品自身价格的影响，一般来说，一种商品的价格越高，该商品的需求量就会越小。相反，一种商品的价格越低，其需求量将会越大。但这种情况不是绝对的，在有的情况下，也会存在商品的价格越高需求量反而越高的情形，我们称之为吉芬商品。

第二是受消费者偏好的影响，偏好是指消费者对商品的喜好程度，显然，消费者偏好与商品需求量成正向变动关系。

第三是受消费者收入影响。对于大多数商品来说，当消费者的收入水平提高时，就会增加对商品的需求量。这类商品被称为正常品。而对另外一些商品而言，当消费者的收入水平提高时，则会使得需求量减少，这类商品被称为低档品。

第四是受替代品价格的影响。替代品显而易见，就是那些使用价值和原来的商品很接近，也可以满足人们相似需要的商品。比如植物油和动物油，牛肉和羊肉，石油和煤炭，苹果和梨等。一般来讲，人们因为有替代品的存在，就会对这类东西的价格非常敏感。举个例子，苹果的价格如果涨了，人们就会去买梨。这时候梨的需求就增加了，对苹果的需求就少了。反过来也是同样的情形。

第五是受互补品价格的影响。所谓互补品，是指使用价值上必须相互补充才能满足人们某种需要的商品。如汽车与汽油、家用电器与电等，在互补商品之间，其中一种商品价格上升，需求量降低，会引起另一种商品的需求随之降低。

第六还包括消费者预期、商品的品种、质量、地理位置、季节、气候、国家政策等各种因素。在实际生活中，商品的市场需求量的变化是各种因素共同作用的结果。

经济学上有一条普遍使用的原理，叫需求法则：就是人们如果对一种商品的需求量增加了，那这种商品的价格就会上升。反过来，人们不需要什么商品了，这种商品的价格自然就会下降。这种关系对处在市场上的绝大多数商品来说，都是适用的。不被需要的东西，自然就不值钱了。

那些年，我们追过的明星——精神需求与粉丝经济

20世纪90年代以来，明星参与的商业活动和商业形式越来越多。在大众眼中，他们光彩熠熠。在厂商眼中，他们就是"摇钱树""招财猫"，有了明星的代言和广告，品牌似乎很容易就建立起来。因此，明星们的身价一涨再涨。

这些明星所谓的"人气"和粉丝群体，成为其提升商业价值的助推器。这就是我们常常讲的明星经济。和传统市场的逻辑基本不同，明星的价格，不在于产品的功能、款式、质量和技能，而是顺应了公众对明星的疯狂追逐和从众心理，短时间内就在人群中形成一股强大的认同感和说服力。消费者购买明星代言的产品或者带货的产品，不再是一种物质上的需要，更多的是一种精神上的需要。当然，明星和传媒也是共生的关系，是当代发达的传媒造就了一波又一波流量明星，而明星也反过来影响传媒。如今，明星制作为传媒产业的一种重要经营制度，为媒体吸引眼球，打造影响力提供了条件。一定程度上，明星已经成为现代传媒产业赖以生存的重要法宝。

明星经济的另一种衍生物就是粉丝经济。2019年"双十一"过后，流量明星的概念又被颠覆了。那些拥有大批粉丝的"网红"，带货能力已经以压倒性优势站在公众视野前。

据报道，在淘宝"双十一"预售的第一天，主播薇娅在直播间预售的商品总额，预计10亿元。卖口红"起家"的李佳琦，直播当天有3000万人围观，至于销售额就不用说了，和薇娅旗鼓相当。互联网和社交媒体的升级迭代、文化娱乐产业的蓬勃发展，成为"粉丝经济"兴起的深厚土壤。对商家来说，粉丝们带来的"流量"，往往与"销量"直接挂钩。理性对待粉丝热情、引导粉丝合理消费，同时将明星效应转化为提升商业品牌知名度和美誉度的契机，才能更好地体现"粉丝经济"背后的流量价值。

无论是明星经济还是粉丝经济，说白了就是调动消费者的精神需求，通过吸引广大受众的注意力来获取收益。这种现象也可以称之为眼球经济，也可以叫作注意力经济，都是通过吸引消费者的注意力获利的。这就是当今为什么注意力那么重要，因为有了注意力，就等于有了优化社会资源的可能，从而使厂商获得巨大利益。

苹果手机用供给创造自己的需求——萨伊定律

发生在乔布斯身上的一个小故事，常常被提起。那就是1982年，当有人问起乔布斯，是否需要对自己的产品做市场调查时，他的回答是，不需要，因为人们不知道他们需要什么，直到你把它摆在他们面前。这是个多么绝妙的回答。而乔布斯也实现了这一句话，这是苹果公司的产品理念。

后来发生的事情大家都知道，苹果的产品风靡全球，受到广大用户的喜爱。乔布斯这段话成为坚持供给决定需求的人的强大论据之一，也印证了著名的萨伊定律——供给自动创造需求。

让我们仔细研究一下，苹果公司战略中蕴含的供给与需求关系。举另外一个例子，乔布斯在世时曾被邀请给一家创业公司做咨询，创业者们问道："你觉得我们的产品怎么样？"

"我觉得它什么都不是。"乔布斯说。

对方被乔布斯的回答惊住了："哪些方面你觉得不好？给我们点提示吧。"

"它的外形没有创新，不优雅，也感觉不到人性化。"乔布斯不假思索地说出了产品设计上的三个缺陷。而"创新、优雅、人性化"恰恰是乔布斯一直以来深植于灵魂之中并坚决奉行的产品研发理念。

这三个因素里面，人性化的意思就是要关注用户的体验，就是看产品的设计能不能满足人们的需求。苹果的产品很好地满足了消费者对于方便、舒适、新奇等要素的需求。这种将人性化融入产品设计的产品研发理念，成就了苹果公司，也充分体现了其满足客户需求的深层战略。

不过回到开头，我们再来审视一下乔布斯的这一回答，你会真的以为消费者不知道自己需要什么吗？其实，苹果的聪明之处，就是抓住消费者其实没有真正研究过自己需要什么，帮助消费者开发出他们想要的东西来。当苹果产品出现时，人们才大呼，这就是我们想要的。而发现这些需求并且最大限度地满足消费者，就是产品开发和设计人员的职责了。

不过需求也是分种类的，需求可以分为直接需求和潜在需求。直接需求很好理解，就是人们在日常生活中肉眼可见、能够意识到的需求，这些需求可能是日常生活用度，也可能是奢侈品享乐需求。只要是人们能够通过自己的主观意识产生的需求就可以称为直接需求。

而潜在需求则是指人们实际上需要但主观意识没有想到的需求或者暂时没有而未来会产生的需求，这种需求只有当商品或服务呈现在消费者面前的时候才被人们所发现。普通的企业根据用户的直接需求设计生产产品，这种需求的挖掘成本极低，所以很容易被其他产品所赶超。

二流的企业满足消费者的直接需求，一流的企业则是花大量时间和资金挖掘用户的潜在需求，用来满足消费者那些从未意识到的需求。这种潜在需求超前于消费者目前的直接需求，所以可以争取较长的市场空白期，为企业创造绝佳的竞争优势。

正因为用户有潜在的需求，并被苹果公司的设计师发现，才有了苹果的产品这一供给，所以需求决定供给。萨伊定律所讲的供给，在苹果的案例中，可以理解为用户的一种潜在需求。

关于需求与供给，在经济学概念中占据重要地位，是微观与宏观分析的基本概念。19世纪法国政治经济学家萨伊在他的著作《政治经济学概论》中提出了供给创造需求的理论。

人们一般认为萨伊定律包含三个要点：一是产品生产本身能创造自己的需求；二是由于市场经济的自我调节作用，不可能产生遍及国民经济所有部门的普遍性生产过剩，而只能在国民经济的个别部门出现供求失衡的现象，而且即使这样也是暂时的；三是货币仅仅是流通的媒介，商品的买和卖不会脱节。

在现实生活中，很多情况下是不符合萨伊定律假设前提的。萨伊定律曾长时期占主导地位，直到经济大萧条时期，凯恩斯主义盛行。那个时期的主要矛盾是有效需求不足，凯恩斯于是有了需求决定供给一说，认为有效需求决定供给水平。可见再有名气的经济学说，都有自身的局限性，不能一概而论。

女模特为什么比男模特的工资高——价格的制定

在男性和女性的薪酬方面，大家都要求男女同工同酬。但是，有一个行业却是个明显的例外，这就是模特界。于是大家就会问：为什么在模特行业，女模的薪酬却比男模高出很多呢？

就拿世界上最会赚钱的模特辛迪·克劳馥来说吧，这位 20 世纪 90 年代著名的女模特总收入已经达到了数亿美元，至今没有任何一个男模特超过她收入的零头。

按照模特行业业内人士的说法，在全球排名前十的顶级女超模，年薪都超过了百万美元。但是，在男模界，全球能拿到百万美元年薪的超级模特也就只有三位。

而一位知名女模特走一场重要的秀收入可高达 5 万美元以上，但男模特平均每场的收入仅为 1300 美元左右。同样是站在 T 形台上，女模特为什么在付出了同样的劳动之后，获得了比男模特更多的收入呢？

经济学家是这样解释的：男模特和女模特在创造价值的过程当中付出了同

样的劳动，但是却没有创造同样的劳动价值，所以男模特的收入要比女模特的收入低一些。归根到底，还是因为女人们太喜欢买衣服了，创造了比男人们更多的对服装的需求。

服装模特这个职业，是为了展示品牌厂商的服装产品的，让模特穿上这些服装，将他们的设计、潮流、美感展示给消费者，从而让消费者产生对服装的购买意愿。对于服装来讲，很显然，女性对时装的需求，比男性要大得多。如果女人买四件衣服，那么男人可能只买一件衣服。

来看看这个数据，在美国，女性花在买衣服上的钱，要比男人多出六倍，所以衣服的生产厂商自然倾向于女性消费者。像《时尚》和 Elle 这种读者众多的时装杂志，在女士服装和化妆品上更是有着无与伦比的巨大影响力。每一期杂志上都刊登着数以百计甚至千计的女模特照片。在如此喧嚣的环境下，最能吸引读者视线的模特，自然价值千金。

所以，成衣厂商看上的与其说是女性超模的吸金能力，不如说看上的是女模特背后庞大的女性消费群体。正是因为女性对服装的强大的消费能力，才让女模特的劳动生产率，相较之下，比男模特高了很多。所以，一般来讲，厂商会聘请大量的女模特，只聘请少量的男模特，或者将男模特干脆省略掉，而男模特的报酬，也因此比女模特要少一些。

也可以说，男模特的收入之所以比女模特低，都是男人们不喜欢买衣服"惹的祸"，因为需求量低嘛。

郁金香引发的奢侈品原罪——商品的价值和价格

在四百多年前，谁都没想到，欧洲的经济，曾经因为一个偶然的发现，而掀起了大风大浪。那是1593年，一个叫作克卢修斯的园艺家，在奥地利发现了一种特别漂亮的花。当时他感到很新奇，就把这种花的种子带走了。这位园艺家将种子从奥地利带到了荷兰，没想到这些花种子在荷兰意外地长得很好。在克卢修斯的精心栽培下，他带去的种子都开出了美丽的花朵。当时有人给这些花取名叫"Tuber1d"，就是我们今天耳熟能详的郁金香。

在《发明的历史》一书中，贝克曼这样描述郁金香："没有任何植物能像郁金香一样出类拔萃，即便经历过意外的伤害，它仍能美艳非凡。培育郁金香需要高超的技艺和精心的呵护，它难以移植，移植之后很不容易成活，因此也就更加娇贵。"

可见在当时，郁金香属于稀有花卉，花开后又非常美艳，因而赢得了权贵阶层的青睐。那时候，郁金香可以说是"奢侈品"的代名词。奢侈品之所以维持高昂的价格，在很大程度上是因为其工艺复杂，生产成本较高和数量稀少。

好景不长，达官显贵们宠爱的郁金香很快被投机分子盯上，他们故意抬高郁金香的价格。一时间，荷兰人对郁金香陷入前所未有的狂热，当时，购买郁金香成为一种流行趋势，越来越多的人加入买卖郁金香的队伍里。就拿卖鱼的和卖菜的来说吧，只要有钱，他们都希望买卖郁金香，就算倾家荡产，也要参与到这波买卖之中。为什么呢？郁金香抢手到什么程度？就是再贵，都有人会将它们买走。只是不知道最后的接盘侠会是谁。

到了1634年，由于大量外国商人听闻荷兰郁金香买卖非常红火，便奔赴荷兰，参与到了郁金香投机当中，导致原本已经是天价的郁金香球茎价格再一次飞涨。

这种状况一直持续到1637年左右，当时的郁金香价格已经涨到天价了，而心怀贪婪的人们还没有停下来的意思，依然沉浸在对郁金香的迷恋之中。这时候，卖方突然开始大量抛售郁金香，这一来一下引发了公众的恐慌，一损俱损，郁金香市场瞬间崩塌，所有人都在疯狂抛售，其价格自然一泻千里。于是，1637年4月，荷兰政府决定禁止投机性的郁金香交易，这才挽救了这个市场，粉碎了这次历史上空前的泡沫经济。

除了投机主义抬头的原因，郁金香之所以能卖那么高的价格，在当时还因为郁金香是一种奢侈品，是一种权贵的象征。有的商人愿意花去一半家产买一株稀有品种的郁金香，就是为了赢得人们的尊重和羡慕。

现在的人，同样没有摆脱"郁金香的陷阱"。麦肯锡中国发布的《2019年中国奢侈品消费报告》显示，2018年中国奢侈品市场整体销售额延续了2017年破纪录的增长，增速连续两年达到了20%。其中在2012年至2018年，全球奢侈品市场超过一半的增幅来自中国。

如此强大的购买力和高速的增长趋势，让中国市场成了各大品牌必争之地的同时，也让炫富流行起来。比如网上走红的"炫富摔"，比如炫"单反镜头",再比如炫"车门向上开"的豪车,当然,炫奢侈品包包一定是炫富的标配。

这也提醒我们,人类的消费需求不仅存在真实需求,还存在炫耀需求。通常,为了自己的生理需求和社会活动需求消费的物品或服务是真实需求。而炫耀需求则是超出真实需求之上的完全是为了满足个人虚荣心而消费的物品或服务。

过去,对奢侈品的需求,可能更多的是炫耀需求。而随着社会经济的发展,物质的极大丰富,对有些人来说,奢侈品渐渐成为必需品的一部分。就比如,在20世纪七八十年代,"大哥大"对普通老百姓来说就是奢侈品,但是放在现在,就变成每一个人的必需品了。那是因为随着科技的进步,产业的发展,有些奢侈品的价格也逐渐下降,为大众所接受,大部分人都能消费得起。

消费者下次在购买奢侈品的时候,一定要认真地想一想:你是否真的需要买这么贵的商品?你购买它的目的是什么?它能给你带来什么价值?

经济危机中的趣味现象——收入效应

很多经济学家预判2019年全球经济将开始衰退,新一轮经济危机将会袭来。更加雪上加霜的是,2020年的新冠肺炎疫情,使得很多国家经济停摆,经济危机似乎随时随地可能爆发。与之相应的,是资产价格普遍下跌、企业降薪裁员、市场需求萎缩等各种经济现象。

然而，我们也能从每次经济危机中，发现一些违背经济规律的现象，相当有趣。

一是避孕套效应。2008年美国次贷危机爆发后，韩国是受那次金融危机影响最严重的国家之一，各行各业都大受打击。神奇的是，韩国国内避孕套的销售额却迅速增长，避孕套生产和经销商大发"灾难财"。

据韩国《朝鲜日报》报道，便利店GS25从2008年8月至11月16日，全国3300多家卖场的避孕套销售额同比增加了19.3%，但在2008年的前7个月避孕套销售额同比仅增长5.2%。

在经济景气的时候，大家工作忙，夫妻在家相处的时间相应减少。而经济危机时期，公司经济效益差，失业员工就会增加，失业人员自然有时间待在家里，夫妻或者情人就有更多的时间在一起。

但也因为经济危机的效应，人们收入降低，不敢考虑生儿育女的事情，自然会增加对避孕套的需求。除此之外，一些学者认为，经济萧条会给人带来压力和恐慌感，而作为克服这些情绪的方法之一，人们是以追求做爱的快乐来消除这些不安心理。

二是口红效应，这个大家都非常熟悉，起源于1929年的美国经济萧条期间，大部分商品都销售不出去，但是口红的销售却意外地红火。细细分析，是因为当时人们已经买不起什么奢侈品了，而口红作为一种价格低廉的奢侈品，能够满足女性对生活的希望。因为像房子、汽车、昂贵的包包这些东西，在经济萧条期间，是很少有人消费得起的。但是口红相对来讲就便宜多了。

当经济不景气的时候，人们无力再买更高档的奢侈品，会转而增加对口红的消费。因为面对命运的玩笑，人们开始竭尽全力地寻找精神慰藉，而购买口红可以对自己的心理起到一些安慰作用，满足人们无处安放的购买欲，从而对其心理起到一定的慰藉作用。

另外，经济的衰退会让一些人的消费能力降低，手中反而会出现一些小闲钱，正好去买一些廉价的奢侈品。除此之外，当经济萧条，失业率增加，而且一般女性失业率会更高，女孩子对男人的依恋和表现欲增强，必然更注重打扮，对口红的需求必然增加。

有意思的是，在美国历史上，很多个经济萧条时期，都出现了口红效应，一再被验证，每次经济不景气，口红的销量都会直线上升，主要就是因为人们的补偿心理。另外一点是，好莱坞的发展竟然也和口红效应有十分密切的关系，对于好莱坞来说，口红效应是个意外的推力。在美国经济大萧条时期，秀兰·邓波尔几乎红遍了全球，成为美国的巨星。而后来的那些电影公司巨头，比如派拉蒙、20世纪福克斯、米高梅、华纳兄弟、环球、哥伦比亚等，也都是在那个时期建立的。看电影这种小奢侈消费，也能用口红效应说得通。

三是土豆效应，又称为"土豆悖律"，"土豆"代指广义的便宜低端食品，而不仅仅指"土豆"。土豆效应指在经济大萧条时期人们首先削减的是奢侈品和高档产品的需求，而廉价且能填饱肚子的土豆的需求反倒上涨，而且会推高商品的价格。

但就算土豆价格上涨，人们的需求也不会降低，反而买得更多。在经济大萧条时期，食品消费金额会压缩，但食品总消费量不可能减少。

举个例子，面包是2元一斤，而土豆是1元一斤，但一个人一天需要吃一斤东西，现在因为大家穷了，因此人们会减少面包的消费，而土豆的需求会上升，进而导致土豆的价格上涨。但就算土豆的价格升到1.5元一斤，相比较而言，土豆还是便宜的，所以就算土豆价格上涨，人们对土豆的需求也不会降低。

在2008年美国次贷危机影响下，沃尔玛宣称其10月份零售增长占到全美除汽车和餐饮业外零售增长的一半，这正是"土豆效应"在发挥作用。除此之外，经济型酒店的出租率也意外走强，一些大众化的平价小餐饮店也意外受到市场的热捧。中国2018年方便面和榨菜卖得很好，其实也是一个典型的例子。

以上三个趣味现象都反映了经济学中的收入效应。简单来讲，就是指消费者的收入变动时，对商品的需求也发生了变动。经济危机时期，消费者的收入普遍降低，因而引发了一系列的消费需求的变化。

房子越贵越买——吉芬商品

通常来讲，一件商品的价格上涨了，人们就会降低对这件商品的购买欲望，减少对其的消费。但是有一类商品，却和这个显而易见的规律是相反的。这得先从一个历史小故事说起：

1845年的时候，爱尔兰发生了灾荒，极度缺乏粮食，这就引起土豆的价格暴涨。按常理，价格暴涨，土豆的销量应该下降才对。但是，在当时的情况下，即便土豆涨得再贵，都有人去买，对土豆的需求反而增加了。这便是违背常规经济学理论的吉芬理论。

在吉芬理论里，吉芬商品有两个显著的特征。一是该商品是生活必需品，该商品一旦价格上涨无其他替代品；二是购买者收入有限，对于该商品价格上涨十分敏感。吉芬商品的特殊性就在于，它的收入效应超过了替代效应，没有土豆就没东西可吃，没有房子难道睡大街？这就是吉芬商品需求曲线上升的原因。

同样的现象发生在2011年3月，当时日本福岛核电站因为大地震而发生核泄漏事故，引发了人们抢购食盐的浪潮。食盐的价格一路飙升，从原来的一块多钱涨到十块多钱，但仍然有人抢购。这时候食盐就变成了吉芬商品，价格越涨，人们越买。

吉芬当初给吉芬商品下的定义，仅代表价格低廉的生活必需品。但是，随着社会的发展，经济的繁荣，越来越多的非生活必需品也加入了吉芬商品的行列。

这十几年来的房市也渐渐演化成了吉芬现象。房价涨得越来越快，而买房子的人却越来越多，许多没钱的人也在想方设法购买，借钱、按揭、攒钱，无不希望自己"有房一族"的美梦早日成真。

在股市上也经常看到吉芬现象。当某一种股票持续上涨的时候，经常看到的局面便是人们争相抢购这种股票,以便能够赶上"牛市"多赚一笔。相反地,当一种股票的价格持续下跌的时候,购买它的人反而会明显减少,而拥有它的人也都希望尽快抛出,以便避开"熊市"。

另外,下雨的时候,我们也能发现吉芬商品的例子。比如,下班的时间,正赶上下雨,当你刚从地铁站出来,发现自己没有带伞,会发现地铁口有很多卖伞的小贩,他们的雨伞卖得比平时贵很多,但是就算价格上涨,依然会有人买。

在奢侈品行业,同样存在吉芬现象。很多人买奢侈品,除了显示自己的财富、地位之外,还有投资的意图。很多奢侈品是限量版,年代越久,价格越高,这时候富人就会预测这个奢侈品有收藏或投资价值,所以想买的人反而越多。

那么问题来了,按照经济学的规律,商品的价格不可能无限上涨,它一定是有限度的,当价格到达制高点以后,就会下降。就像房市,短期来看,似乎一直在涨价。但是,总有一天,房价会有涨停的时候,股票和期货也是这样。当吉芬现象发生时,股票、房子、期货似乎没有下降的时候,几乎所有人都侥幸地认为他们不会遇到价格下降的那一天。这就给了投机者很多机会,价格越涨,他们越买,然后再卖给后面的投机者。

于是,吉芬现象就产生了变种——"最大笨蛋",也就是我们俗称的"接盘侠"。谁在房价最高的时候买进,谁就是"最大笨蛋",就得承担房价无限上涨的泡沫。那些购买期权和股票的也同样如此,谁在价格最高时买进,谁就是"最大笨蛋"。

问题的关键就在于，谁也无法预料今天的股市还有房市，是不是已经到达了顶点。就像美国普林斯顿经济学教授马尔斯尔所说："你之所以完全不管某个东西的真实价值，即使它一文不值，你也愿意花高价买下，是因为你预期有一个更大的笨蛋，会花更高的价格，从你那儿把它买走。"

所以"股市有风险，入市需谨慎"，这句话可不是白说的，一定要认真对待。

为什么女人的衣服扣子在左，男人的在右——习惯经济

大家有没有注意过，女式衬衫的纽扣位置，往往和男士的方向相反。女士衬衣纽扣的位置在左边，而男士衬衣纽扣的位置却在右边。这是为什么呢？

女生衬衫扣子的位置在左边，是一个很讲究的问题，是从欧洲传过来的习惯。在17世纪的欧洲，只有有钱的人家，才会在外套上钉扣子。但是他们钉扣子有个习惯，因为女士大多是由仆人伺候穿衣服，所以为了方便仆人扣扣子，通常把女士的衣服扣子设计在左边。

男士衬衫扣子的位置在右边，是因为在17世纪的欧洲，男人一般自己

穿衣服，用右手扣扣子比较方便，用右手拔出挂在左腰上的剑，也不容易被衬衫给刮住，所以纽扣就在右边，这种习惯也一直延续到现在的衬衫制作工艺上。

虽然现在没有仆人为女生穿衣服了，但是这个习惯经过了很长的时间，已经形成了一种规范，就很难改变了。毕竟很多女生都在成长的过程中一直穿的是扣子在左边的衣服，如果随意改变，很多女生反而会不习惯。这就是人们很不愿意改变的"约定俗成"的东西。

在我们身边，会发现很多这种处于习惯常态的东西，比如，打开冰箱时，冷藏室的灯会亮，而冷冻室就不会亮。笔记本电脑能在大部分国家的供电标准下运作，而其他大部分电器却不能。易拉罐不能做得矮一点、胖一点，当人们适应了这种常态之后，如果商家做出改变，消费者会花一段时间去适应。

这就是经济学所讲的习惯经济的概念。今天的消费者常常可以领略到商场某个食品品牌的免费试吃，或者某个娱乐场馆免费试玩的活动，也常常可以拿着某个餐厅的开业打折优惠券，以非常低的价格获得一顿美味的大餐。还有的商家，为了吸引消费者，甚至不惜赔钱，也要把开业的门面支撑起来，到处打着免费的口号，来网罗消费者。

是这些商家不够聪明吗？是他们甘愿赔钱吗？他们这么做的目的是什么呢？其实也是习惯的问题。

习惯经济是指日常生活中，经过一段时间，人们在无意识中形成的，一种对待事或物的惯常的态度，以及对这些事物的接受程度和对商品生产、交易等经济活动的影响。因为，人们对非习惯性的事物，需要一定的条件和时间去接受。

因此，商家为了保证自己的产品被消费者接受，就必须考虑消费者的习惯因素。一旦提供给消费者的产品或服务有悖于消费者的日常习惯，则商家的产品在短时间内是很难被消费者接受的。这就需要商家利用各种方式来创造或者培养消费者的一些新的习惯。

所以，一般的服装生产商，宁可循规蹈矩一点，生产普通大众认可的服装样式，也不敢标新立异将扣子的位置随意改变。

抓住消费者的习惯心理，已经成为商家做出营销决策时需要重点考虑的问题。我们常常看到，在护肤品和化妆品柜台前，总有热情周到的销售会抓住很多女士，让她们提前试用产品，让她们形成使用这种产品的习惯，从而产生消费。

我们每个人每天都被大量的习惯控制着，习惯不仅影响我们的工作和生活，还会深深影响我们的消费。聪明的商家，早就学会用习惯经济学，在培养消费者习惯上下功夫，从而找到巨大商机，获取巨额利润。

比如，以前购物我们喜欢去商场、购物中心，现在我们喜欢去淘宝、京东。我们以前出门的时候习惯打出租车，现在用车则习惯用滴滴打车。以前吃饭我们喜欢去饭馆，现在则习惯用手机叫外卖。以前买东西习惯用现金，现在则喜欢用支付宝或者微信支付。

所有这些习惯的改变，都孕育着大商机，购物方式的改变成就了淘宝，出行方式的改变成就了滴滴，吃饭习惯的改变成就了美团，支付习惯的改变成就了支付宝。

这就是习惯经济带来的效应。所以当商家们发出免费试吃、试玩的邀请时，请大家一定保持头脑清醒，不要以为自己占了便宜，而很有可能已经被商家带入坑，成为他们消费习惯中的一员。

我们在为多少不需要的东西买单——冲动消费

我们在生活中会遇到很多冲动消费的例子，比如看到漂亮的饰品，即使现在用不着也要买回家，只图一时高兴。回到家里才发现，我们带回了太多没用的东西。是什么原因促使人们产生冲动消费的行为呢？

首先是商品自身具有吸引消费者的特质，是影响消费者购买动机的主要因素。这种商品有一些典型特征，比如那些价值低、生活必需、需要频繁购买的日用品。顾客对其一般性能、用途、特点都比较熟悉，且花费不多，又是必需的开支，消费只取决于个人偏好，不需要和类似的产品做比较。这种情况下，消费者做出冲动购买的情况就特别多。另外如玩具、糖果、小食品、便服等休闲商品，它们的外观、包装、广告促销、价格、销售点等对销售起着重要作用，消费者对品牌选择的随机性较大，产生冲动购买的概率就比较大。

其次是顾客自身的气质特征决定的。电影《天生购物狂》里面张柏芝扮演的芳芳，就是一个无法控制自己购物欲望的人，看到物品就想买买买，属于纯冲动型。另外有一类冲动型气质的人，心境变化剧烈，对新产品有浓厚兴趣，较多考虑商品外观和个人兴趣，这类人更容易受广告宣传的影响。还有一类想象型气质的人，活泼好动，注意力易转移，兴趣易变，审美意识强，易受商品外观和包装的影响。

再次是经济因素导致的。改革开放以来，我国经济获得迅速发展，人们的收入有了极大的提高，物质生活变得极为丰富。在这样的时代下，消费者的需求自然是水涨船高，最明显的表现就是近年来，超市中生鲜食品的销售额大幅度增加了。

最后还有环境和促销等，都是刺激消费者冲动消费的诱发因素。比如在超市的环境中，商家会通过通道设计、陈列设计、灯光色彩设计、广告设计等营销手段，延长顾客在店内的逗留时间，最大限度地诱发顾客的冲动消费概率。再比如商场促销，进行现场营业推广活动和POP广告，也有助于激发顾客相应的心理反应，促其冲动消费。

还有一个原因比较让人意外，原来女性朋友的冲动消费，也是能找到生理原因的。有一个有意思的研究，是一位专家研究了443名年龄介于18岁至50岁间女性过去7天的购物行为，并与她们的月经周期做对比。结果发现，那些处于黄体期（女性月经周期中排卵结束到月经开始前一天，常为月经周期的第15天至28天）的女性，对购物欲望的控制能力会减弱。

研究者由此推断女性存在一个"购物生理期"——女性所处月经周期越靠后，她们超支的可能性越大。进入黄体期的女性在花钱方面更不节制、更冲动、超支金额更多。

如果分析原因,是因为女性在经期中,身体内的激素分泌会发生变化,这会引起女性的一些不良情绪,比如抑郁、生气等。而这一时期,对购物产生不必要的冲动,其实是一种对经期不良情绪做出的免疫反应。在抑郁或者沮丧的心情下,她们更倾向于用购物这种方式排解。所以,许多女人不开心的时候,一种常规手段就是买买买。

在这个过程中,女人注重的只是消费过程的快乐,不停地逛着、试着、享受着、回忆着,购买那些平时受经济、年龄、环境等因素的左右而不敢或不舍得买的商品,以此来释放压力、调整心态、转移痛苦、收获快乐。

一时冲动就想买,买完之后就后悔,当我们抱着一堆并不需要的"战利品"吃土时哭着喊着:"下次再买就剁手!"可是下一次还是按捺不住冲动的魔鬼,冲动消费要后悔!

该如何克制冲动消费呢?在购物之前,一定要"吾买前三省吾身",先问问自己三个问题——我为什么要买?我真的很需要吗?我真的有钱买吗?

CPU 真的能卖 1 美元吗?——规模效应

规模效应又称规模经济,即因规模增大带来的经济效益提高。经济学中的规模效应是根据边际成本递减推导出来的，就是说企业的成本包括固定成本和变动成本，混合成本则可以分解为这两种成本，在生产规模扩大后，变动成本同比例增加而固定成本不增加，所以单位产品成本就会下降，企业的销售利润率就会上升。

英特尔的前 CEO 格鲁夫曾经说过："如果全世界每个人都买一片我们的 CPU，我可以把 CPU 的价格定成 1 美元。"这就是格鲁夫对规模效应的绝对自信。

规模效应更容易发生在固定成本投入巨大而边际成本相对较小的行业中，比如汽车、飞机产业都是前期固定成本投入大，而边际成本投入相对较小的行业。而医药、芯片产业是属于科技研发成本较大的前沿创新产业，一旦研发成功，就可以低成本复制。

规模效应的这一特征，强调了足够大的市场需求对于产业发展的关键作用。芯片产业前期投入的研发和设备所需金额都非常巨大，但是一旦进入流水线量化生产，规模效应就十分明显，进而持续投入，就能保持领先优势。强大的规模效应使得这样的行业天生具备更强的垄断特征，谁先抢夺到关键市场份额，获得时间优势，率先实现规模效应，谁就可以降低价格，压垮竞争对手。这种谁先获得足够多的订单，谁就可以成为赢家，并且进一步依靠成本优势打压对手的正反馈，使得芯片行业往往只会存在一两家的垄断格局。

这些年出现的共享单车等一批互联网公司，之所以不挣钱也要做下去，就是为了迅速占领市场，依靠规模效应的优势打垮后来者。

第三章
理性人考虑边际量——边际

亚当·斯密在其名著《国富论》中，描述了他参观一个针厂的情况。斯密的观察又体现了规模效应的另一个重要作用，就是分工和专业化。

书中描绘道：第一个人抽铁丝，第二个人拉直，第三个人截断，第四个人削尖，第五个人磨光顶端以便安装圆头。做圆头又有三道不同的工序，装圆头是一项专门的业务，把针涂白是另一项业务，而把针装进纸盒也是一门手艺。

为此，斯密得出结论：如果一个工人只是单枪匹马地工作，而不是由一整个团队来工作，那他的效率肯定不是每天能创造出20枚针，可能一天连一枚针都制造不出来。换句话说，由于规模效应，大针厂可以比小针厂实现更高的人均产量和每枚针更低的平均成本，因为大工厂更容易实现专业化。

现代经济中，规模效应普遍存在。比如，盖一栋房子，你是选择自己盖还是找一个团队合作去盖。一个人盖的话，你需要承担所有工作，但你不一定熟悉所有这些工作。如果你找来承包商，让承包商雇用各种类型的工人，各自发挥自己所长，那么这些人做的工作不仅更好，而且更快。正是因为专业的分工，让盖房子这件事变得更有效率。

实际上，运用专业化实现规模效应是现代社会之所以这样繁荣的一个原因。以美国的福特公司为例，20世纪初期，美国福特公司引入流水线生产，进行大规模的专业流程分工。在1908年，生产一辆T形汽车需要12.5个小时。到1925年，时间减少到只需要10秒钟，而每辆汽车的价格只有最初的10%。

福特汽车的成本，伴随着生产规模的扩大而快速降低。这就是规模效应的体现，经济学称为规模经济：某种商品的生产，长期平均成本与它的产量呈反向关系，产量越大，平均成本越低。规模效应越明显的行业，越有可能产生先占有市场份额的企业，通过更低的产品定价拦截其他对手，获得竞争优势。

第一个吃西红柿的人——替代效应、收入效应

16世纪的时候，西红柿被一位英国公爵带到英国皇室并送给了伊丽莎白女王，因为它观赏性比较强，被称为爱情果，但人们依然不敢吃它。

谁是第一个吃西红柿的人呢？关于这个问题可谓众说纷纭，有很多个版本。今天讲的这个版本，跟我们即将要介绍的经济学现象相关。

在那个把西红柿当作有毒食物的年代，有钱人家的花园里种满了西红柿，也只是用来观赏，等果实熟透烂掉也不会有人吃。有一天，一个穷人家的小男孩生病了，浑身发烫，他的父亲请来医生医治，也不见效果。小男孩在病中一直说想吃一个苹果，这个要求在今天看来不算什么，可是对于当时的男孩的父亲来说，却很难办到，因为他很穷，买不起苹果。

看着自己的孩子处在病痛的折磨下，这位父亲特别伤心又特别绝

望，他非常想满足男孩的心愿，于是答应孩子出门去买苹果。可是他买不起苹果该怎么办呢？当他经过一个富人家的花园时，正好看到成熟的娇艳欲滴的西红柿，那些西红柿看上去红通通的，倒是和苹果有几分相似。

这时候这位父亲就想着，他的妻子早就过世了，丢下他和孩子孤苦伶仃，现在孩子又生病了，他连儿子生病时唯一的愿望都满足不了，活着还有什么意思呢？于是他就决定拿西红柿代替苹果给儿子吃，等他的孩子毒发身亡了，他也吃下西红柿，这样全家人就能在天堂相聚了。

于是这位父亲从富人家的花园偷走了五个成熟的西红柿，回家先拿给儿子吃。这孩子吃完西红柿，很满足地睡过去了，父亲在悲伤中把剩下的西红柿都吃了，倒觉得挺好吃。

第二天，这位父亲发现自己并没有死，更加惊奇的是，他儿子的病也好了大半。这下，西红柿可以吃的事情就传开了，从此以后，西红柿渐渐成为人们最喜爱的蔬菜之一。

这个故事虽然讲的是西红柿被当作食物流传的起源，但是也反映了一个重要的经济学现象，那就是商品的替代效应。

替代效应是指实际收入不变的情况下某种商品价格变化对其替代品需求量的影响。在上面这个故事中，这位父亲因为消费不起苹果，就对西红柿产生了需求，从而用西红柿代替苹果，来满足小男孩原本想吃苹果的需求。只不过，这个替代效应是在很无奈和很偶然的情况下发生的。

在我们的日常生活中，会发生很多替代效应的例子。比如，2019年以来，猪肉的价格飞涨，这时候，我们很多消费者就会转而去吃鸡肉。因为对于他们来讲，吃猪肉和吃鸡肉所产生的效用是差不多的。因此，在收入水平没有改变的情况下，消费者倾向于用价格相对便宜的鸡肉作为对猪肉的替代。实际上，他们消耗掉的都是肉，无论是从口味、口感还是从营养成分来讲，都能达到和吃猪肉差不多的满足感。这种由于某种商品价格上升而引起的其他商品对这种商品的取代的现象就是替代效应。替代效应使得人们对价格上升的商品的需求量减少。

为什么会产生替代效应呢？这是因为买同样的物品，人们总是希望花更少的钱，因为对人来讲，钱总是稀缺的。举个例子，2021年的车厘子，价格一度降到历史最低点。这时候，你去超市买水果，就有可能用车厘子代替别的水果。因为在降价的车厘子面前，别的水果显得贵了一样。所以你会增加对车厘子的消费，而降低对其他水果的消费。

与替代效应相对应的是收入效应，两者几乎是同时发生的：一种物品的价格变化，比如价格降低，会对消费者产生两种效果，一是物品价格下降，相当于消费者的实际收入提高了，消费者会买更多的物品，从而获得更多的满足，经济学家把这叫作收入效应。二是一种物品价格降低了，由于别的物品价格没变，与价格下降了的物品相比，相当于别的物品实际价格上升了，所以消费者会多买价格下降的物品，来替代价格没变的物品，这就是替代效应。

可以看出，不论是发生了收入效应还是发生了替代效应，或者是两种效应同时发生了，正是由于这两种效应的作用，我们在生活中进行购买决策时，才会根据价格的上升或下降来决定买什么、买多少。一般来讲，一种物品的价格下降时，其购买量就会增加。反之，价格上升时，其购买量就会减少。这是我们凭生活经验就能感受到的经济规律。

第四章

人们会对激励做出反应——激励

"激励"一词，在经济学领域中通常指的是诱导个体从事或不从事某种行为或活动的因素。激励在经济学领域中通常被定义为一系列奖励或惩罚措施，从而影响经济主体从事特定行为的因素。

基于经济学的理性经纪人假设，就是说，当人们面临选择时，会考虑边际量的成本和收益，当成本与收益中有一方或两者都发生改变时，人们的选择就会发生改变。也就是说，成本和收益两者之间的变动改变了激励，而人们会对激励做出相应的选择。

激励在现实生活中有很多应用，法律就是一种强制性的激励。激励还常常被用于企业管理，比如"鲇鱼效应"。当然，激励还可以用在亲子教育中，毕竟，在孩子的成长过程中，无论是积极的激励还是消极的激励，都将产生深远的影响。

然而，政策有时也会有事先并不明显的影响。在分析任何一种政策时，我们不仅应该考虑直接影响，而且还应该考虑通过激励发生的间接影响。如果政策改变了激励，那就会使人们改变自己的行为。比如我们将在本章中提到的安全带法律。

小孩为什么不来玩了——激励制度

先讲一个很有趣的故事。

一位喜欢安静的老人在城市郊区选了一处美丽的房子，打算在此养老，他感觉很满足。但是，这里每天中午都会跑来一群孩子，他们在树丛里捉迷藏，在小河边嬉闹，每天都吵吵闹闹的，要到很晚才回家。

老人心里对这帮小孩十分不满，因为他们打乱了他的计划，他原本计划舒适地生活在这里，没有人打扰，可是孩子们太闹了，得把他们赶走。但是老人非常了解孩子心理，他认为如果直接赶他们走，反而会引起他们的逆反心理，赖着不走了，这就起到了相反的效果。于是，他想出一个妙招。

这天，他主动找到这帮小孩，对他们说："你们来这里陪我，我真是太高兴了，为了感谢你们，从今以后，我每天都给你们每人5元钱。"孩子们一听，可高兴了。

几天后，老人再次来到孩子们中间，对他们说："以后每天只能给你们每人1元钱了。"孩子们有些意外也有些不高兴，但还是勉强接受了。

又过了几天，老人又对这帮孩子说，"以后我每天只能给你们每人1角钱了"。这些小孩一看这待遇相差太大，都愤怒了，"才给这么点，那我们以后再也不来陪你了"。

从此，老人真正过上了安适而平静的生活。

老人的聪明之处就是给孩子们设置了一个鲜明的激励机制，把给钱和孩子的玩耍行为联合起来，给钱是孩子们在这里玩耍的一种激励。小孩子受到这种激励，就是因为在这里玩耍。如果有一天，这种激励变少了或者没有了，小孩子们觉得自己的收益没有了，自然也就不在这里玩了。殊不知这样正中老人下怀。这就是经济学角度的激励。

在孩子们看来，因为老人给钱，过来玩已经成为一种金钱激励，而当激励减少时，他们便会十分恼怒不平。可以说，聪明的老人成功运用反激励达到了自己安静生活的目的。

激励制度也称激励机制，是通过一套理性化的制度来反映激励主体与激励客体相互作用的方式。激励机制的内涵就是构成这套制度的要素。一种制度把个人利益与组织整体利益统一起来，让个人在实现自身利益的同时也实现了组织的整体利益，这样的制度就是激励机制。

激励机制一旦形成，它就会内在地作用于组织系统本身，使组织机能处于一定的状态，并进一步影响着组织的生存和发展。

在能力一定的情况下，激励水平越高，则工作取得的成绩越大。如果能综合运用多种激励方法，就可以有效提高激励的水平。另外，激励机制能取得多大效果，还要看这种激励方法能在多大程度上满足个人的需求。

我们常见的激励有物质激励、精神激励、任务激励、数据激励等。巧妙地运用激励机制，不但可以使企业管理更加优化，还能为我们的生活增添光彩，特别是在养育孩子的过程中，正确使用激励，会更容易培养出优秀的孩子。

老板高薪外聘也不给员工涨工资——鲇鱼效应

沙丁鱼是一种大家都十分喜爱的食物。在挪威，渔民们在海上捕捞沙丁鱼，但是在归途中有很多沙丁鱼会死掉。为了解决沙丁鱼从大海运输到渔港的难题，渔民们想了一个办法。就是在装沙丁鱼的鱼槽里放几条沙丁鱼的天敌——鲇鱼。这样，鲇鱼只要和沙丁鱼在一起，沙丁鱼就不会偷懒，会一直游动躲避沙丁鱼的追赶。这样鱼槽内就有了大量的氧气，沙丁鱼就不会窒息而死。

这就是人力资源管理中一个经典的理论"鲇鱼效应"，其经济学的实质就是激励精神，通过激励产生上进的因素。"鲇鱼效应"的作用在于调动大家的积极因素，有效激活员工工作的热情和激情，让员工在刺激作用的驱动下，展现活力，使之更好地为企业的发展服务。

鲇鱼效应对于渔夫来说，在于激励手段的应用。渔夫采用鲶鱼来作为激励手段，促使沙丁鱼不断游动，以保证沙丁鱼活着，以此来获得最大利益。

这就能理解为什么在有的公司，老板不会给员工加工资，而是引来一位像"鲇鱼"一样的优秀员工，让另外的员工有危机感，从而改变员工的工作状态，脱离死水一潭的工作氛围。作为企业的管理者，利用"鲇鱼效应"进行管理，不断从别的企业引进人才，营造一种充满忧患意识的竞争环境，使组织保持恒久的活力，实现"引进一个，带动一片"的人才效应。

因为在任何一家公司，如果一个团队的工作达到某种稳定的状态，内部的成员非常熟悉，就会缺乏创新的活力和激情，就会产生惰性，就像鱼槽里的沙丁鱼一样。这时候，引进新鲜人才，就是给团队注入一个大鲇鱼，从而起到很好的激励作用。

鲇鱼效应是企业领导层激发员工活力的有效措施之一。它表现在两方面，一是企业要不断补充新鲜血液，把那些富有朝气、思维敏捷的年轻生力军引入职工队伍中甚至管理层，给那些故步自封、因循守旧的懒惰员工和官僚带来竞争压力，才能唤起"沙丁鱼"的生存意识和竞争求胜之心。二是要不断地引进新技术、新工艺、新设备、新管理观念,这样才能使企业在市场大潮中搏击风浪,增强生存能力和适应能力。

但是,鲇鱼效应也不一定就是百发百中的,因为,对于公司的老员工来讲,是不太喜欢新进的"鲇鱼"的。管理者一定要注意,放入职场中的"鲇鱼",也有可能被"沙丁鱼"联手赶出来,受到"沙丁鱼"排挤。另外,如果"鲇鱼"放得太多,"沙丁鱼"最后有可能被吃干净。放在公司里,就有可能导致大量的老员工出逃,这对公司显然是非常不利的。

你期望什么,你就会得到什么——罗森塔尔效应

古希腊有个国王叫皮格马利翁,同时他也是一位有名的雕塑家,他精心地用象牙雕塑了一位美丽可爱的少女。但可能是这尊雕塑太可爱了,国王深深地爱上了它,他给雕塑取名叫"盖拉蒂",还给它穿上美丽的长袍,并拥抱它、亲吻它。

然而雕塑始终是雕塑,它无法体会到国王对它的爱,国王非常失落,于是就去找女神帮忙,祈求女神能赐给他一位如盖拉蒂一样优雅、美丽的妻子,这个女神就是阿佛洛狄忒(Aphrodite)。

女神自然十分感动,用情这么专一的国王可不多见啊!于是拿手里的魔杖一挥,雕塑就活过来了,然后国王就和盖拉蒂幸福地生活在一起了。

这个故事告诉我们一个道理,那就是:期望能产生奇迹,也就是我们常说的心想事成。于是就被称为皮格马利翁效应——指人们基于对某种情境的知觉

而形成的期望或预言，会使该情境产生适应这一期望或预言的效应。你期望什么，你就会得到什么，你得到的不是你想要的，而是你期待的。

无独有偶，罗森塔尔也提出了相似的观点，他是用实验亲自证实有效的。罗森塔尔做的实验是这样的：他来考察一所学校，从每个班随意抽出3名学生总共18个人，将他们的名字写在一张表格上，交给学校的校长，并且非常认真地说，这18名学生经过科学测定都是智商型的人才。

过了半年，罗森又来到这个学校，发现这18名学生真的比其他的学生有了很大的长进，再后来，这18个人都在不同的岗位上干出了非凡的成绩。

一个人的表现会受到其他人的暗示和影响，特别是权威人士。当然也会受到自己的暗示和影响，也就是说我们会成为我们自己或别人所预期自己成为的样子。

你觉得自己会失败，你就会失败，你觉得自己会成功，你就会成功，即"自我预言实现"。看到这里你可能要说了，既然相信自己就会实现，那么让我变成一个亿万富翁吧，让我变成一个明星吧！即使存在皮格马利翁效应，预期也需要结合实际。

这个效应给我们什么启发呢？赞美、信任和期待具有一种能量，它能改变人的行为，当一个人获得另一个人的信任、赞美时，他便感觉获得了社会支持，从而增强了自我认同，变得自信、自尊，获得一种积极向上的动力，并尽力达到对方的期待，以避免对方失望，从而维持这种社会支持的连续性。

比如领导在交办某一项任务时，不妨对下属说："我相信你一定能办好。""你是会有办法的。"这样下属就会朝领导期待的方向发展，人才也就在期待之中得以产生。一个人如果本身能力不是很行，但是经过激励后，才能得以最大限度地发挥，也就变成了很行。

对于罗森塔尔的这一理论是否合理，通用电气的前任 CEO 杰克·韦尔奇就给出了实际的答案。杰克·韦尔奇一直认为，一个团队管理，最要紧的就是让团队里每一个人都有构想，并且激励这些人完成自己的构想。韦尔奇在自传中用很多词汇描述那个理想的团队状态，如"无边界"理论、四 E 素质（精力、激发活力、锐气、执行力）等，以此来暗示团队成员"如果你想，你就可以"。在这方面，韦尔奇还是一个递送手写便条表示感谢的高手，这虽然花不了多少时间，却几乎总是能立竿见影。因此，韦尔奇说："给人以自信是到目前为止我所能做的最重要的事情。"

在学校教育中，我们同样可以看出罗森塔尔效应的作用。一般来讲，那些受到老师关注和夸赞的孩子，在一段时间内的学习成绩和其他方面的表现都会有很大进步。而那些总是被老师批评或者受到老师歧视的学生，就有可能消沉下去。所以，优秀的老师会采用罗森塔尔效应，来帮助后进的学生。

不要随便给孩子贴坏标签——激励

先举两个身边的例子。

洋洋是一名初三的学生，很聪明，处于叛逆的青春期，对世界充满了好奇，有些贪玩，但一到在考试的时候总会犯一些小错误，加上马虎和粗心导致成绩不是很理想。

洋洋的妈妈看到孩子的成绩总是忽高忽低，表现得很焦虑。所以洋洋的成绩出来后，只要看到洋洋马虎犯错就会批评他，说一些"你怎么这么马虎啊""怎么这么笨啊"之类的话，批评他这么简单的问题都会犯错。还质疑他成绩这么差怎么考得上高中。

刚开始洋洋还会反驳，到了后来一言不发，直到有一天他对妈妈说不想继续上学了，觉得自己脑子笨，学了也是浪费时间，还不如去工作赚钱。

在一定程度上，洋洋的厌学情绪，是妈妈叨叨的结果。

再来看看另外一个一年级的小孩。这个小朋友坐在班级的第一排，总是喜欢在别人上课的时候打断别人的说话，也打断老师的说话。他声音很大，还常常自说自话，严重影响了其他同学上课。老师是怎么做的呢？老师在下课后会单独问他："上课的时候不能随便讲话，你知道吗？"

他说道："不知道。"然后他又突然说道："我妈妈说我手欠嘴也欠，说我总是乱说话，手乱摸。"

老师就继续问他："那妈妈工作忙不忙呀？你家里还有哥哥姐姐或者弟弟妹妹吗？"

他装出不以为然的样子："我妈妈不上班，我家就我一个孩子，他们说了，养我一个就够讨人厌的了，再生一个太烦了。"

这就找到了孩子上课为什么有这些行为的原因，来自于父母的评价。如果父母随便给孩子贴标签，孩子自然就觉得自己是这样的人，就不会管好自己，就是个小淘气，就是喜欢上课说话，就喜欢乱动别人的东西。孩子觉得，父母眼中的自己，就是这样的。时间长了，就真的以为这就是自己了。

这两个孩子只是一个小小的缩影，不知道有多少孩子在父母错误的评价中让自己一步步地养成坏毛病，以致以后真的成了父母口中那样的人。

心理学上把这种现象叫作标签效应，主要是因为"标签"具有定性导向的作用，无论是"好"是"坏"，它对一个人的"个性意识的自我认同"都有强烈的影响作用。给一个人"贴标签"的结果，往往是使其向"标签"所喻示的方向发展。

而实际上，从经济学角度来说，标签效应就是一种激励。正向的标签，能对孩子起到很好的引导作用。但是负向的标签，就会挫伤孩子。

可悲的是，我们的父母，总是给孩子贴负向的标签。古人言"三思而后行"，和孩子说话，也不能随意，要想好再说。说孩子能听懂的话，说对孩子有帮助的话，说表达自己关爱的话。

此外父母还要学会包容，我们每个人都不是十全十美的，更别说一个孩子了。对于父母来说，要接受一个现实，那就是孩子犯错是很正常的，关键在于父母怎么看待这些错误。当孩子犯了错误时，父母应该怎样引导。一定要就事论事，找到问题的解决办法，而不要给孩子贴标签，随便批评孩子的品格。别老说孩子笨、孩子不诚实等。家长的第一要务是包容孩子的过错，选择相信孩子。

安全带的法律——激励失效

今天所有的汽车都有安全带，但在半个多世纪之前，并不是这样。20世纪60年代，拉尔夫纳德的著作《任何速度都不安全》引起了公众对汽车安全性能的关注。于是美国国会通过立法，要求将安全带作为新汽车的标准配置。

安全带的法律如何影响汽车安全呢？当一个人系上安全带后，发生车祸时存活的概率提高了。但是，这项法律的另一个影响也显而易见，那就是通过改变激励而影响了人们的行为。在这里，相关的行为是司机开车时的速度和谨慎程度。

站在司机的角度，为了节约时间和自己的精力，谁都不愿意缓慢而审慎地开车。所以当司机在决定开车的安全程度时，也会综合考虑安全开车的边际收益和成本。当提高安全程度的收益高时，他们就会更缓慢、更谨慎地开车。例如，人们在道路有冰时会比在道路干净时更缓慢而谨慎地开车。

可以说安全带的法律改变了一个司机的成本和收益。安全带降低了司机的车祸代价，因为它们降低了伤亡的概率。换言之，安全带减少了缓慢而谨慎地开车的收益。人们对安全带的反应和对道路状况改善的反应一样——更快速、更不谨慎地开车。

这样，安全带法律最终导致的结果是车祸的次数增加了。开车安全程度的下降对行人有明显不利的影响，因为他们遭遇车祸的概率上升了，但却没有（像司机那样）获得增加保护的收益。

这么猜测对吗？有什么依据吗？来看一项研究：1975年，经济学家萨姆佩兹曼做了一项经典的研究，证实了实际上汽车安全法间接增加了车祸的次数。这是怎么回事呢？根据佩兹曼的研究，安全带法律使得车祸中的死亡率减少了，但是车祸的次数却增加了。

看起来，安全带法律这种激励制度失效了。或许你会有一个疑问：难道汽车不应该有安全带？答案是否定的。安全带是保护司机的，而另外一种激励可以保护行人——超速罚单。考虑超速可能受到处罚的负激励，超速行驶的处罚成本高于时间收益时，司机会选择合理的车速行驶，这样就能降低车祸的次数，从源头上降低了车祸净死亡人数。

所以在判断一项政策时，不能以偏概全。既要分析它的直接影响，也要看到它的间接影响。如果政策使得激励机制发生了变化，人们也会相应地改变自己的行为。这就是我们常说的：人们会对激励做出反应。

政府决策者决不能忘记激励，因为许多政策改变了人们面临的成本或收益，从而也改变了人们的行为。例如，汽油税鼓励人们开小型的节油型汽车。欧洲开小型车的人比美国多，原因之一就是欧洲的汽油税比美国高。

航运船上的囚犯——激励的重要性

激励的作用，可以从另一件历史事件中看出来：1787年的英国，会雇用一些船长，把被判重刑的犯人运送到澳大利亚。因为是运送罪犯，所以船上的条件非常恶劣，甚至比贩卖奴隶的条件还要糟糕。

这种情况下，送那么多罪犯从英国到澳大利亚，这么漫长的旅行中，超过三分之一的犯人都受不了煎熬，中途死掉了。剩下的罪犯，等到达澳大利亚，也是半死不活，疾病缠身。本来英国公众对罪犯没有什么好感，死了就死了。但是问题在于，这些罪犯并没有被判死刑，罪不至死。于是，新闻报

第四章
人们会对激励做出反应——激励

纸就运用舆论，呼吁相关人士发扬人道主义精神，改善这些船上的条件，包括食物、居住环境、空气和水等。但是即便这样，船上的死亡率还是居高不下。

后来，一位经济学家的建议改变了这一状况。

这位经济学家建议，不应该在大不列颠上船时就为所有的囚犯都付清费用，而应该在到达澳大利亚时，为那些能离开船只的囚犯们向船长们支付运费。1793年，当新的措施付诸实施后，存活率立即跃升为99%。一位精明的观察者如此评价这一事件——经济战胜了情感和仁爱。

这个故事说明了一个重要的问题，就是很多情况下，人们的行为不是靠道德和情感维系的，而是需要激励的作用，而且激励至关重要。让我们设想一下，如果囚犯在船上时，就已经给船长支付了费用，那么船长的行为就缺少激励，也就很少去为囚犯考虑了。实际上，这种做法还在间接鼓励船长虐待囚犯。因为船长完全可以把这批费用省下来，不供给囚犯必需品，把这些食物储存起来，到了澳大利亚再出售出去，获得利润。

但是，如果只有当囚犯能活着到达目的地时，船长们才被支付运费，对船长们的激励就发生了变化。在此之前，船长们能从囚犯的死亡中获利。

在生活中，我们也会常常看到激励的作用。我们走进超市，看到那么多装满货品的货架，每天都依赖别人为我们提供各种食品、衣服和住所。我们享受这样那样的服务，别人为什么会为我们的利益服务呢？

人们会按照一种可预测的方式来对待各种激励。名望、权力、声誉、欲望和爱好，这一切都是重要的激励。经济学家认为，甚至连仁慈也是对激励的一种反应。

上面的故事中，还告诉我们：当个人利益和社会利益一致时，我们每个人都能得到好的结果。但是，如果个人的利益和社会的利益发生冲突，那很有可能就会出现恶劣的结果。就像这个故事中，囚犯只有到达澳大利亚的港口时，船长才能收到报酬，这就创造了一种相对有利的支付制度。因为它建立的激励机制能够引导船长们采取正当行为，不仅仅是为了他们自己，也为了所有的囚犯，为了给他们支付报酬的政府。

经济学有时就是人性之学，当一件事情听起来好得不得了，或者坏得不得了，这多半是假的。某项政策总是在使一部分人受损一部分人受益，这个政策一定没办法很好地执行下去，因为它违反最基本的人性定律。

第五章

贸易能使每个人状况更好——比较优势

比较优势是指如果一个国家在本国生产一种产品的机会成本（用其他产品来衡量）低于在其他国家生产该产品的机会成本的话，则这个国家在生产该种产品上就拥有比较优势。比如，中国的制造业，普遍具有比较优势。

国与国之间的贸易交流，可以使两个国家的状况都变得更好。这就是中国人常说的"天生我材必有用"，正是因为生产单位商品对资源的占有、分配和利用等情况的差别，造成了比较优势的产生。而比较优势的差别，直接导致了生产物品的专业化和贸易的产生。

站在经济学的角度，其实每一个家庭都是在和所有其他的家庭竞争。尽管每一个家庭单元之间存在这种竞争，但是如果把你的家庭和其他的家庭之间割裂起来，并不会使大家过得更好。而是大家通过与别人的交易，才能够按照比较低的成本，获得各种各样的产品和服务。所以，在一个社会中，每一个家庭成员如果能专注于做自己最擅长的事情，生产才会更加有效率。而分工和专业化所带来的总量的增量，就是贸易的好处。

这一理论延伸到生活中，同样适用。比如杨振宁选择理论物理而郎朗选择钢琴，都是比较优势在起作用。

杨振宁选择理论物理的秘密——比较优势

杨振宁虽然是一代物理学大师，但是他当初在芝加哥大学做试验的时候，其实经历过一段痛苦的时期。因为缺乏动手能力,"哪里有爆炸,哪里就有杨振宁"的笑话几乎传遍了整个校园,这极大地打击了杨振宁的自信心,也是他的死穴。当时他被称为神童,是别人眼中的天才,但是也会遇到自己的瓶颈。正是这样的苦恼,让他静下心来思考自己在物理研究上的弱势和优势,想明白了这些,他豁然开朗了。

杨振宁意识到,虽然自己在严格要求动手能力的实验物理方面没有太大优势,但在理论物理研究方面,凭借自己从小受父亲熏陶、培养而打下的坚实数学基础,如果能对构成物理学理论架构的一系列方程逐步展开研究,还是会找到突破口,最终取得一定成绩的。比较之后,他觉得自己在理论物理研究上优势更明显。

后来,杨振宁听取了导师特勒的建议,明确自身的优势,转攻理论物理学。于是,他取得了一系列的成绩。1954 年,他提出的规范场理论,后发展成为统合与了解基本粒子强、弱、电磁等三种相互作用力的基础。由于这一发展为理论物理做出了巨大贡献,杨振宁一直深得国际学者钦佩。1957 年,杨振宁因研究成果显著,获得了诺贝尔物理学奖。

同样的情形还发生在比尔·盖茨身上。比尔·盖茨表面上是一位企业家,但是对于打扫花园这件事却十分执着,最终,他还是把这份差事交给一个高中生来处理了。按照比尔·盖茨的说法,如果他每天编写 100 条程序或者打扫 100 平方米自家花园,而高中生可能每天只能编写一条程序和打扫 50 平方米花园。看起来,在打扫花园方面,比尔·盖茨比高中生具有绝对优势。但是,他在编写程序上的比较优势更加明显,所以他宁愿花几美元让高中生去打扫花园,而自己去写程序。

杨振宁和比尔·盖茨的故事表明，只有认清自身的优势，才能发挥更大的效用。当每个人都能够专门的从事自己最擅长的事情时，生产就会变得更加有效率，从而整个社会可创造物质财富总量与其整体经济福利便会有所增加，这也从侧面体现了"天生我材必有用"的道理。

在我们的生活中，为什么很多家庭存在"男主外，女主内"的现象呢？这也可以用比较优势理论来解释。在中国传统社会里，夫妻之间的分工严格而明确，在生产劳动中，丈夫为支柱，而在家务劳动中，妻子为主力。

如今社会，男人们的这种比较优势已经不太明显了，所以我们的生活方式正在发生改变，特别是妇女的经济地位和家庭地位已经不可同日而语。令人欣喜的是，越来越多的丈夫能够从妻子的角度考虑问题，与妻子同心协力，实现那种"你挑水来我浇园"的田园生活。他们强硬的态度开始软化，他们对妻子更加体贴，态势发生了质的变化。这是适应社会发展的一种全新生活方式。

贸易竞争的好处——绝对优势

如果把国家当作经济体，就可以解释为什么国家与国家之间会进行贸易往来了，下面要讲的绝对优势和比较优势，就是产生国际贸易的主要动因。

假如世界上只有两个国家：A 国和 B 国。相较于 B 国，A 国在种植小

第五章
贸易能使每个人状况更好——比较优势

麦方面有绝对优势，而B国在生产石油方面有绝对优势。这并不代表B国没有农田，A国没有石油，只是说一个国家对特定商品的生产力胜过另一个国家。在这种情况下，他们发挥自身的绝对优势并彼此交易，就可以用较低的成本获得自己想要的小麦和石油。发挥自身的优势，两个国家都会变得更好。

如果一个国家在生产某种商品或服务时，若生产力优势最大或者生产力弱势最小，我们就说该国生产这项商品或服务有比较优势。举个例子，假如一个人有两种技能——编辑经济学文章和打字，再假设这个人有一个秘书，他无论是编辑经济学文章还是打字，都比秘书快，因此，他在这两个领域都有绝对优势。但是，他有必要都做这两份工作吗？当然不是，相较于这个人的秘书，这个人在编辑经济学文章方面具有更大的优势，在打字方面只有较小的优势。而每天只有一定的工作时间，因此，如果这个人只专注于编辑经济学文章（此时，这个人的生产力优势最大），雇用一个秘书来打字，那这个人就可以完成更多的工作。

同理，如果一个国家和另一个国家相比，生产芯片的生产力更强的话，这个国家就会把生产服装、饰品等低技术含量的精力分更多用在生产芯片上，而从另一个国家进口服装和饰品。这样的结果是，两国都用较低的成本实现了产能的最大化，对两国的经济都有好处。

绝对优势与比较优势都是关于国家之间的贸易，两国有不同的生产力且销售不同的产品。然而，全球有一半以上的贸易是在情形类似的国家之间完成的。比如，美国从欧洲进口汽车，也出口汽车到欧洲。日本出口计算机到美国，也从美国进口计算机，其实也是一种比较优势权衡下的结果。

商品贸易对两个国家的经济，有很多好处。

商品贸易的第一个好处是使较小的国家善用规模经济。像英国这样的中型经济体，如果有一大堆汽车厂商且没有国际贸易，每家汽车厂商的规模势必会很小，因为英国买车的人只有那么多。这类厂商无法善用规模经济，无法像大型汽车厂商那样用较低的平均成本来生产。当英国的一些汽车大厂能同时为国内消费与出口而生产时，他们就可以善用规模经济。

商品贸易的第二个好处是多样性的利益。以英国为例，这样的中型经济体，一家汽车大厂可以供给该国一年所需的所有汽车。但由于规模经济，这家汽车厂也许只能在一款车型上做得很好。例如，生产小型、节能的城市汽车。如果英国市场想要很多不同的车型（小型车、家庭房车、跑车等），就可以通过国际贸易来获得多种选择。

商品贸易的第三个好处是使产业的专业化程度更高。例如，汽车是由很多部件组成的，有低技术部件，例如座椅外层的布料，也有高技术部件，例如计算机和引擎，再进行组装。类似国家之间进行贸易时，汽车的某些部件在某国制造，其他部件在他国制造，然后在另一个国家组装。如果这个过程允许每一方专注于特定、专业的任务，那么每一方都可以变得更具生产力。

商品贸易的第四是个好处是可以促进知识与技能的流动，也可以给国内生产者带来激烈的竞争，竞争则有助于低价和创新。

扩大国际贸易的国家，与经济增长良好的国家，两者在实质上有很强的相关性。此外，不用扩大贸易就很富裕的国家根本找不到。

丑女配帅男 VS 丑男配美女——先动优势

有时候走在大街上里会发现一种趋势，丑女的男朋友总是高高的、帅帅的，而美女身边的男生都挺一般的。所谓"一朵鲜花插在牛粪上""癞蛤蟆吃着了天鹅肉"，说的大概就是这种情况。这是为什么呢？

经过仔细分析我们发现，"丑女配帅男"和"丑男配美女"的现象之所以那么常见，一个很重要的原因竟然是经济学中的"先动优势"理论。

那些漂亮女生和帅气的男生，不一定是因为了解了对方的内涵才选择对方，而是因为那些丑女和丑男面对心仪的男神和女神下手比较快而已。

假如有两个很优秀的男生，分别是长相如王子般的甲，和长相很平庸的乙。甲和乙都喜欢同一个漂亮女生丙。

男生乙自知自己没有男生甲长得帅气，家庭条件也没有男生甲好，所以，追起女生丙来相当卖力，攻势猛烈。然而男生甲虽然也很喜欢女生丙，但是碍于面子，也由于自恃有着雄厚的实力，所以对女生丙的态度就显得含蓄而内敛许多。

而在女生丙眼里，更喜欢男生甲。但是由于信息不对称（后面会详细讲到），甲对她的追求没那么热烈，让她以为甲没有那么喜欢自己。而女生丙，思来想去，又不可能去主动追求男生甲。于是，在给男生甲很多次机会都没有确定对方对自己的心意时，她选择看起来更为爱她的男生乙。

很多优秀的男孩子，在恋爱中总是处于一种优越感之中，觉得自己没有必要去苦苦追求一个女孩子。正是这种放不下的面子，阻碍了他们的追求之路，才让许多女孩子被那些条件差一些但是很主动的男孩子"抢"走了。

先动优势理论在市场营销中多用来解释在市场竞争中，先进入市场者相比后进入者存在着哪些竞争优势。因此，在企业科技竞争中，先动优势理论主要解释企业优先研发和运用新技术能为企业带来哪些竞争优势。

在上面的案例中，男生甲、男生乙和其他很多喜欢女生丙的男生，构成了一个竞争市场，在这个市场上，女生丙是稀缺资源，因而人人都想抢夺。在诸多竞争者中，男生甲的条件最好，因为他长得最帅，家庭条件也很好，反而让他有了一种优越感，这种优越感来自他本身拥有的资源多，和他预测的未来可获得资源的可能性更大。因此，面对喜欢的女生丙，他并没有主动出击，而是选择含蓄地静待。

此时，男生乙一直在不断出击，获得了先动优势，让女生丙认为，乙是比甲更爱她的、更值得她托付的人，因而，女生丙被男生乙追到手。

这就是恋爱中的先动优势。这个理论告诉我们，遇到自己喜欢的人，千万不要犹豫，一定要让他或她知道你的心意。否则，等到你犹豫不决终于打算出手的那一天，只能看着别人将心上人追走，从而留下一生的遗憾。

在商业领域，利用先动优势占据市场竞争优势的例子屡见不鲜。

比如，当年苹果公司率先开发了 iPhone 手机，定价为 599 美元，可是不到三个月就把价格调整到 399 美元。这样便使那些潜在的竞争对手陷入了两难境地：虽然 iPhone 手机市场前景很好，但是即使投入大量资金开发出了类似产品，鉴于苹果公司巨大的品牌效应，售价也只能明显低于 iPhone，而比 399 美元再低的价格就可能无利可图。

真是"眼前有钱赚不得，苹果有价在上头"。但是苹果公司在 399 美元的价格上还是有可观利润的。这便是价格定位的先动优势。

再比如，阿里巴巴创建了淘宝、天猫，拥有数亿注册用户和数百万的商家。即使有人今天也能搭建一个比淘宝、天猫界面更好的电子商务平台，也没法成为像它们那样的综合型电商平台，这便是阿里巴巴在市场定位上的先动优势。

贸易也能成为一种武器——贸易壁垒

尽管贸易竞争有很多好处，会给相关国家带来可观的利益。但是，出于很多考虑，比如贸易对环境的影响，对本国其他行业的影响等，国与国之间，都会设置很多"障碍"来阻碍不利于本国发展的贸易往来，这就是我们说的贸易壁垒。先来看一个丹麦的例子。

1981 年，丹麦政府出台了一项政策，就是规定在丹麦出售的所有啤酒和可乐，都必须装在可回收再利用的瓶子中才能销售。为什么会出台这一政策呢？仅仅是为了环保吗？如果观察丹麦的历史我们就会发现，丹麦原来有一套良好的传统运行的玻璃回收处理系统。自从饮料瓶使用不可回收的容器之后，这一系统受到了威胁。所以，才出台这一硬性的政策，强行保留住本国这一传统的玻璃回收处理系统。

但是，因为这一规定，却给其他国家的饮料出口丹麦造成了很大影响。为了能在丹麦卖饮料，厂商就不得不将饮料瓶使用可回收材料，这无疑使得进口的饮料成本比丹麦本国的成本高出了许多。显而易见，正是因为这样，别国的饮料就很难和丹麦本国的饮料竞争了，至少从价格上没有什么竞争力。等于是这项政策阻碍了联盟内部货物的自由流动，也就是说，形成了一个贸易壁垒。然而，丹麦关于容器瓶种类认可的要求未获通过。1984年后，国外生产者的货物必须盛装于丹麦生产或认可的瓶中（仅在货物检验阶段使用并且有数量限制）。实施容器瓶认可法规的动机在于：如果市场上出现许多种容器，就不可能建立有效的回收体系。通过控制瓶的种类可以控制其类别上的多样性。

1986年欧洲共同体仲裁法庭受理了这一案件。共同体委员会声称，丹麦法律违反了某种货物一经在一国出售就自动可以在共同体内各国流动的基本法规。尽管并未直接禁止境外容器瓶的流动，国外货物供应商们建造可再利用瓶的处理系统都面临着更大困难。委员会认为该法律歧视性对待国外厂商。委员会还认为，该法律不能等效于环境效益，并且采用其他方式也可以充分保护环境，例如采取志愿收集系统和循环使用方式。

1988年9月，法庭对丹麦做出裁决，允许丹麦自己保留原先的规定，强制饮料瓶的回收再利用。这是因为，法庭看中的是环境保护这一出发点，即使丹麦违背了货物自由流动的一般规则，但是为了环保，也就同意了丹麦的这一做法。同时，法庭给出建议，认为丹麦有必要实施饮料瓶的可回收包装。法庭发现，尽管回收再利用容器瓶并不能保证最大的回收再利用水平，但确实保护了环境。作为法庭裁决的结果，进口到丹麦的饮料很少。这就是典型的通过限制饮料瓶的规格而间接限制饮料进口的案例，饮料瓶的规定，形成了很高的贸易壁垒。

贸易壁垒又称贸易障碍。对国外商品劳务交换所设置的人为限制，主要是指一国对外国商品劳务进口所实行的各种限制措施。

贸易壁垒一般分非关税壁垒和关税壁垒两类。

WTO组织就是国际贸易组织，加入该组织的成员，都会在关税问题上进行协商解决。随着WTO组织成员的增多，以及其他贸易组织的成立，比如北美自由贸易区等，关税壁垒基本上对这些组织内的成员难以起作用了，但是对非成员还起着作用。值得注意的是，目前国际上，非关税壁垒的作用正在逐步上升。发达国家开始利用高科技优势提升自己在国际贸易的话语权，而不是依靠收关税。这就给发展中国家提出了难题，它们只能出口一些消耗资源型的初级产品。

此外，发达国家还会对发展中国家采用一些反倾销手段，也都属于非关税的壁垒范围。

大卫·李嘉图的极简模型——比较优势理论

1817年，英国政治经济学家大卫·李嘉图，为了说服英国的立法者放弃贸易保护政策，开始着手证明贸易具有增加世界总产出，从而提高消费和生活水平的非凡能力。

基于一个仅包括两个国家和两种产品的简单模型，他证明了如果每个国家——即便是在两种产品上都具有绝对生产优势的国家——专门从事自己相对最为擅长的行业，然后通过贸易来获取所需要的所有其他产品，会获得很大的好处。

在这个著名的模型中，李嘉图假设葡萄牙在生产酒和毛呢两种产品时都比英国具有更高的生产率。具体来说，他假设葡萄牙一年中生产一定数量的酒（比如说8000加仑）只需要80人，而在英国则需要120人。与此相类似，葡萄牙生产一定数量的毛呢（假设是9000码）只需要90人，而在英国则需要100人。

换句话说，葡萄牙每个工人每年的生产效率是100加仑酒或100码毛呢，而英国每个工人每年的生产效率只有66.67加仑酒或90码毛呢。从数据对比来看，葡萄牙在葡萄酒和毛呢产业都具有绝对优势，那为什么葡萄牙人会从英国人那里购买这两种商品呢？

李嘉图给出的答案令人惊讶不已，他认为只要两国都专注于自己相对最为擅长的行业进行生产，那么它们都会从国际贸易中受益。在李嘉图的例子中，虽然葡萄牙在生产酒和毛呢两个行业都比英国更具优势，但它在酿酒方面的优势更大。因此，葡萄牙在酿酒行业具有比较优势。相反，英国在毛呢生产上具有比较优势。

李嘉图得出结论说如果两国都能遵循比较优势原则——葡萄牙只生产酒而英国只生产毛呢——然后两国都致力于贸易活动，那么它们将会比在完全依靠自己来生产两种产品的情形下消费更多的酒和更多的毛呢。

第五章
贸易能使每个人状况更好——比较优势

更具体一点说，他假设每个国家各有1200个工人，各分配700个工人去生产酒和500个工人去生产毛呢。这就意味着葡萄牙生产了70000加仑的酒和50000码的毛呢，而英国生产了4667加仑的酒和45000码的毛呢。

然而，如果每个国家都让自己的1200个工人去生产自己占比较优势的产品，葡萄牙可以生产120000加仑的酒，英国可以生产108000码的毛呢。如果现在它们进行贸易活动，假设用48000加仑的酒可以交换55000码的毛呢，葡萄牙将会最终得到72000加仑的酒和55000码的毛呢，而英国则将得到48000加仑的酒和53000码的毛呢。

正是因为两个国家有了各自的分工，最终两个国家才获得了更多数量的两种商品。现在我们假设，如果葡萄牙和英国都依靠自己的力量来生产这两种产品，算下来葡萄牙需要1270个工人，而英国需要1309个工人，怎么着都比1200多，不划算。如果能够按照比较优势原则，利用专业分工和贸易，那么两个国家就能用更少的人工获得更多的产出，何乐而不为呢！

后来，经济学家们已经证明了，李嘉图的结论可以推广适用于你所愿意包含的任意多个国家和任意多种产品。尽管我们当然可以限定一些条件——在这些条件下，贸易互利原则失效——然而大多数经济学家通常都认为这些条件（自由贸易的可能例外条件）在实践中发生的概率很小。

很显然，我们中的大多数人，甚至那些没有学过比较优势理论的人，也总是在日常的个人事务上依此行动。在很大程度上，我们都试图去做我们最为擅长的事，并以此来交换所有其他物品。以一个投资银行家为例，即便在粉刷房屋方面，他比城内任何一个职业粉刷工人都做得更好，但集中精力于投资银行业务并雇用别人来粉刷他的房子，而不是亲自去做，仍然是比较明智的（从经济学角度来看）。这是因为我们假定他的比较优势在投资银行业务上，而不是粉刷房子。从高收入的投资银行业务中抽时间去粉刷房子的代价将是极其昂贵的，最终将会减少他的收入总额，从而减少他可能消费的产出量。

换句话说，为了实现产出最大化，我们每个人都应该专门从事自己具有比较优势的行业，然后去交换其他物品。

第六章

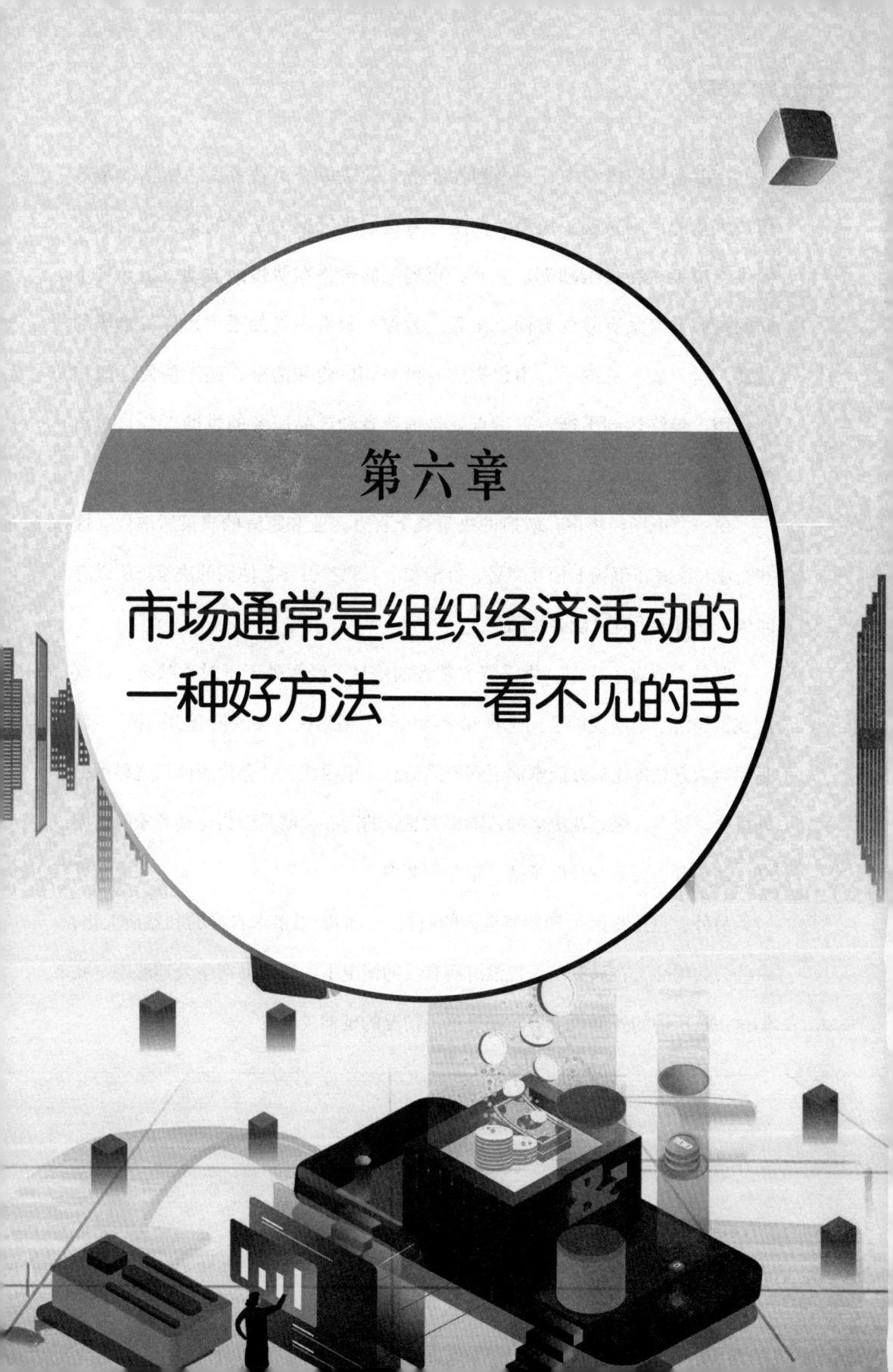

市场通常是组织经济活动的一种好方法——看不见的手

在市场经济体制中，一个理性经济人的决策，消费者这边依据的是效用最大化的原则做购买决策，而生产者这边则依据的是利润最大化的原则做供给决策。在供给和需求之间，市场上的价格在缓慢地波动，引导着不同的资源向着最有效的方向上配置。就像一只看不见的手，指导着市场的发展。这只看不见的手，不仅影响着价格、供给和需求，还让他们之间相互作用，最终达到平衡，平衡点就是消费者和产品服务的供给者各自做出的决策。

在一个市场经济中，政府的决策被千百万企业和家庭的决策所取代。这些企业和家庭在市场上相互交易，价格和个人利益引导着他们的决策。所以有时候，政府出手有可能会帮倒忙。

但是，现实生活中，供需双方掌握的信息，经常处于不对称状态，这就造成了经济学上所说的逆向选择和道德风险，俗话说"买的没有卖的精"，就是因为卖方总是比买方能掌握更多产品信息。也因此，社会信用体系就显得格外重要。很多人愿意花更多的钱购买大品牌的产品，就是因为这些商家的信用高，消费者在买单时降低了被"骗"的概率。

另外，也正是因为理性经济人的前提，人们为了追求自身的利益最大化，一些公共物品，在只有使用权没有所有权的情况下，很容易产生公地悲剧。我们这一章所讲的外部效应等，都是这一情况的延伸。

政府办的养鸡场为什么赔钱——完全竞争市场

过去在 20 世纪 80 年代的时候,为了给居民们提供更多的食物,丰富大家的菜篮子,我国一些地方政府出资办了大型的养鸡场,可是没想到,这些养鸡场最终以破产告终,即使是政府的投资,也没有摆脱亏本的命运。究其原因,除了管理不灵活之外,还有一点就是忽略了市场经济的基本规律。在经济学上,鸡蛋市场是一个完全竞争市场,在政府的管理下,反而不能发挥出市场的灵活性,不能按照市场经济的规律发展,自然很容易经营不下去。

完全竞争市场又称纯粹竞争市场或自由竞争市场,是指一个行业中有非常多的生产或销售企业,它们都以同样的方式向市场提供同类的、标准化的产品,如粮食、棉花等农产品,卖者和买者对于商品或劳务的价格均不能控制。

完全竞争市场的特征就是,在这个市场里面,商品的价格是由商品的供需关系决定的,买卖双方都对价格没有影响力,只有被动地接受。在这个市场里面,任何一家企业如果想提升自己的价格,那就必然要承受消费者对商品需求下降的后果。也就是说,产品价格只能随着供求关系而定。

所以,政府建立大型的养鸡场,等于是和同类的对手在竞争。在完全竞争市场的环境下,政府的鸡蛋并没有什么优势,因为鸡蛋千篇一律,很难划分出什么区别和特色。那么,这时候那些散养的农户的鸡蛋,自由度就相对要高很多，随时都能下调价格，把政府的鸡蛋挤走。另外，政府办养鸡场的成本是很高的，如果不提高价格，很难回本，但是又拿不出什么竞争优势来和散户养的鸡蛋竞争，就变得非常被动。

从这种意义上说，政府出资办大型养鸡场的动机也许不错，但结果不好。其实这些完全竞争行业，完全可以交由市场调节。

完全竞争市场有很多积极作用：

首先，完全竞争市场能够提高微观经济运行的效率。在完全竞争市场，那些生产率高的生产者，随时都可以进入市场参与竞争占得先机，也更容易在新一轮的市场竞争中获得胜利。所以，这种市场环境更加能够调动生产者的积极性和主动性，提高生产效率，加入市场竞争。

其次，在完全竞争市场类型条件下，每个生产者都只能是市场价格的接受者，因而他们要想使自己的利润最大化，就必须以最低的成本进行生产。生产者以最低的生产成本生产出最高产量的产品，这是一种最佳规模的生产。这样的生产过程也就是一种促进生产效率和效益不断提高的过程。

再次，完全市场中的生产者，在追求自己利益的过程中，同时也促进了整个社会的经济利益。这也是亚当·斯密的著名论断，他认为，市场竞争引导每个生产者都不断地努力追求自己的利益，他们所考虑的并不是社会利益，但是，由于受着一只"看不见的手"的指导，去尽力达到一个并非他本意想要达到的目的，也就是社会利益。

还有，在完全竞争市场条件下，资源能够在市场机制的引导下，流向消费者需要的商品生产部门。也就是说，资源的利用效率会在不断地流动中向更需要的地方转向，从而发挥出最大的作用。完全竞争市场是对资源的配置和使用效率最高的一种市场机制。

最后，在完全竞争市场条件下，价格趋向等于生产成本。因而，"在许多情况下，它可以形成对消费者来说最低的价格"，而且完全竞争市场条件下的利润比其他非完全竞争市场条件下的利润要小，所以"在纯粹竞争的情况下，获利最大的是消费者"。同时，完全竞争市场还"可以使消费需求的满足趋向最大化"。

为什么很多超市都 24 小时营业——竞争性市场

在很多地方，即便到了深夜，依然可以看到有少数超市或便利店还在营业。这些 24 小时营业的超市或便利店，给许多深夜有需要的人带来了很大的便利。但这种人性化的营业时间，很多人会感到疑惑，心里会问有没有必要这样做，会不会亏本？

让我们来看一个典型的案例：伊萨卡是纽约以北一座只有 3 万人口的小镇，有 5 家通宵营业的杂货店。要是购物者凌晨 4 点去买东西，几乎每家店里都只有临时店员在值班。通宵营业的成本并不大，可也没小到微不足道的地步。比方说，通宵营业的供暖、空调和照明费用，显然比晚上 12 点关、早晨 6 点开的商店要高。对于晚间轮班的收银员、存货管理员和保安，商店都要支付奖励性薪资给他们。

既然这些成本肯定比凌晨销售中创造的额外利润要高，为什么这些商店还是坚持通宵营业呢？其实这就是竞争惹的祸。试想一下，人们大概不会定期到一家不顺路的商店买东西，但在一个人人都有私家车的小镇上，位置并不是最重要的因素。现在，让我们假设所有超市都在晚上 11 点关门，次日早晨 7 点开门。如果一家店把营业时间延长到半夜 12 点，它就能成为营业时间最长的店。即便那些偶尔才会在晚上 12 点买东西的顾客，也会因此选中这家店作为自己固定买东西的地方，万一真的哪天需要在半夜买东西，找东西就很方便了。

虽说超市在晚上 12 点吸引到的顾客并不多，但由于它营业时间长，所以能吸引到更多顾客固定到此购物。竞争性超市肯定不会坐视自己的顾客被拐跑，它们必然会延长营业时间。可这时，其他店铺又会把关门时间延长到凌晨 1 点，坐收渔利。倘若维持商店多营业一个小时的成本并不太大，那么唯一可能出现的结果，就是大多数商店通宵营业。显然，伊萨卡的情况正是如此。既然伊萨卡大多数超市都通宵营业，新顾客选中哪家店，就和它们的营业时间没什么关系了。

虽说 24 小时营业可能会付出更多的成本，但是如果放弃在晚上营业，就有可能流失掉一部分顾客，且导致白天的营业额也大打折扣。所以，除非 5 家超市都不在晚上营业，否则，他们不可能放弃晚上营业而把客户白白送给别家。

因此 24 小时营业的店铺有一部分是亏本的，但只要老板认为其综合效益是正的，就还是会这样做的。

为什么汉堡王只在麦当劳旁边开店——霍特林定律

我们在逛商场的时候，通常都会发现一个有趣的现象：很多相似的超市，相似的饭馆，相似的快餐店，经常是扎堆在一条街上，彼此之间挨得很近，只不过走几步的距离。北京的三里屯、后海，都有著名的酒吧一条街，那些存在竞争关系的酒吧，紧挨着彼此。还有北京东直门的簋街，是麻辣小龙虾的天下。

也许大家会想，既然存在竞争关系，为什么还要开在一起呢？为什么不躲避开竞争呢？其实，这里面涉及一个神奇的博弈论法则——霍特林法则。

什么是霍特林法则呢？你可以理解为，在一个理性市场中，两个竞争者的最好的方案就是做得越来越像。我们能看到汉堡王和麦当劳挨着的结果，但是我们可以来推测其演变过程。

假设一条街道1000米，而汉堡王和麦当劳为了避开对方，可能一个在街头一个在街尾，而此时他们的距离就是1000米，这时候他们将会平分街道1000米的客户群。而这时候，倘若两者想要提供的产品和服务相当，他们会怎么办呢？会相互调整，根据对方的动作主动调整，比如街头的汉堡王，会发现如果往街尾的方向推移100米，那么理论上来说左边100米的客户都是汉堡王的，而右边900米则是由汉堡王和麦当劳平分的部分。

但是，这时候麦当劳也会随机调整，也会向街头的方向调整 100 米，以寻求利益上的均衡。如此下去，可想而知，最后的结局是什么呢？就是两者经过不断调整，会越来越近，无论是麦当劳计算自己将如何移动，而汉堡王肯定会计算自己的最优解随之移动，而最后大家的最优解方案就是，在街道的最中央开两家门店，也就会分到更多的客户。这就是我们讲汉堡王和麦当劳在博弈论视角下的集群过程，也就是我们所描述的霍特林法则。

由此可见，存在竞争关系的经济体，最佳解决方案是两个竞争对手位置相同。在现实生活中，同样有很多霍特林定律的例子，比如肯德基和必胜客，以及加油站，还有零售超市的选址，都是这样的。

实际上，汉堡王之所以这么黏糊糊地贴着麦当劳，还有其历史原因，他们这段被网友调侃为"神仙般的恋爱"早在 60 年前就开始了。

汉堡王 1953 年就成立了，而麦当劳成立得也不晚，也是 1953 年。这两家快餐十分地接近，都是卖汉堡的。从成立之初，成为竞争关系以来，两家就都宣称自己品牌的汉堡是全天下最好吃的。那边汉堡王说自己一年能卖出两亿只汉堡，这边麦当劳就声称巨无霸一年能卖 5.5 亿只。这两个快餐连锁品牌常年争斗，不相上下。直到 1967 年，汉堡王因为扩张太迅速而资金链断裂，只好接受了皮尔斯百利公司的合并建议。

等汉堡王准备卷土重来时，却发现麦当劳已经抢占了大部分汉堡市场，汉堡王就此走上"碰瓷"之路，把店开在麦当劳旁边。

1982 年，汉堡王发起"火烤而非油炸"的广告大战，声称汉堡在匿名口味测试中胜过麦当劳巨无霸和 Wendy's（美国第三大汉堡品牌）的汉堡。

这一轮进攻取得了出乎意料的成效，汉堡王的销售和市场份额迅速提升，据称当时有近200万顾客转投汉堡王。麦当劳和Wendy's后来不得不诉诸法律，要求停播汉堡王的广告。

校园爱情只是看上去很美——不完全竞争市场

校园里的爱情固然美好，但是走出象牙塔的那一刻，很多情侣劳燕分飞了。其实，按照经济学的原理来解释，就能参透其中的原因。

如果把所有谈恋爱的大学生当作"爱情市场"的"交易"主体，从博弈论的角度看，每个想谈恋爱和正在谈恋爱的学生都可以视作"局中人"。

在这个市场里，每个局中人都有自己独特的偏好和效用函数，譬如，女孩子陷入爱情的理由往往非常感性，可能因为有感觉，就瞬间爱上一个男生。诸如金钱、财富、容貌、声誉等尺度对于女生来说不太重要了，也许很多时候"快乐"成为唯一的尺度。

在校园里，两个局中人恋爱了，他们因为各自的偏好喜欢上了对方，同时为了获得对方的好感，他们会在对方面前，努力展示自己最好的一面。"人生若只如初见"，讲的就是，两个人最美的时候，大概就是最初相识的时候。

在校园里，同样存在信息不对称现象，因此，情侣们在各自心中的形象，比较容易维持一种良好的状态。而且局中人一旦陷入爱情，在一定时期内，会陷入一种锁定状态，亦即"我的眼里只有你"的状态，这时候，就等于给潜在进入者筑起了很高的壁垒。

另外在校园里,有一条大家都心知肚明的规则,那就是学生们面对经过一番博弈已经"成交"的爱情,一般不会去干涉。如果恋爱双方,不是有一方有强烈的暗示,或者有一方不喜欢另一方,那么不会有人轻易破坏这种现成的交易。校园的环境毕竟单纯,没有人愿意被称为第三者插足。

还有,在校园爱情中,局中人之间的博弈存在较高的交易费用。天下没有无须付出努力和辛劳的爱情,除非一个人的禀赋特别具备竞争优势,比如相貌超群,或者是家资殷实,又或者是直接或间接掌有许多优势资源,否则,需要为爱情投入的东西太多了。这些高昂的交易费用,就构成了局中人高昂的机会成本。

所以,校园情侣间总是表现得很纯洁,很忠贞,很少有情侣会轻易舍弃这段感情,因为背后的机会成本太高了。

但是,进入社会后,环境就变了。局中人从原来的校园这个不完全竞争市场,进入了社会这个完全竞争市场,这时候参与爱情博弈的局中人,就不仅仅是大学生这么局限的范围了。这时候,局中人在效益最大化的原则指引下,必定会重新选择。

大学生谈恋爱的目标函数中带有很浓重的"尝试"情结,这相当程度上决定了其行为具有"试错"的特点。因为大多数中学都是明令禁止恋爱的,所以学生们把大学恋爱当作"补课",试图为以后积累人力资本。

所以,校园爱情可以说是在一个相对很安全的环境里养成的,缺乏激烈的竞争,整个市场里面,替代品很少,通常女生面临的选择就比较少。因此,从经济学理论上来讲,这并不是最优的选择。因为,校园里的女生,一般不会把财富、名利等功利性的尺度引入目标函数。

所以，最可能的大学生爱情状态应该是：在不完全竞争下，尝试性的恋爱不会使局中人获得自己最满意的爱情，更不会获得持久的爱情，但由于目标函数的独特性，校园爱情常常能在大学阶段平静地度过几年。

但是一旦毕业，小情侣们就要面对一系列的现实问题，比如家庭环境、距离的远近、工作等因素，都有可能打破原有的平衡，立马就会使局中人分道扬镳飞，天各一方也就不足为奇了。

微软垄断与反托拉斯政策——垄断与反垄断法

反垄断法，顾名思义就是反对垄断和保护竞争的法律制度。它是市场经济国家基本的法律制度，又称反托拉斯法。

同竞争企业一样，垄断企业的目标也是利润最大化。垄断由此带来的市场结果，从社会利益的角度来看往往不是最好的。因此，政府可以通过行政手段改善这种不利的市场结果。

2004年8月27日，微软公司收到一份起诉书，是包括旧金山在内的美国加利福尼亚州很多城市政府联合向法院提出的，控告微软滥用个人电脑操作系统的垄断地位，从而对商品制定了不合理的价格。

原告律师之一丹尼斯·埃尔雷拉说："这是妨碍正常的掠夺行为，损害了消费者和纳税人的正当利益。我们必须通过法律途径，寻找合适的解决办法。"

2010年6月28日，美国哥伦比亚特区联邦上诉法院作出裁决，驳回地方法院法官杰克逊2009年6月做出的将微软一分为二的判决，但维持了有关微软从事违反反垄断法的反竞争商业行为的判决。上诉法院要求地方法院指定一位新法官重新审理这一历史性的反垄断案。

这里要普及一个冷知识，在美国，一家公司拥有垄断地位或企图获得垄断地位并不一定违法，但是通过"不正当行为"来维持或获得垄断地位是违法的。美国司法部正是以"从事了反竞争的不正当行为"对微软进行指控的。

从1990年联邦贸易委员会开始对有关微软垄断市场的指控展开调查算起，美国政府对微软的反垄断行动已历时10年多，其间白宫两易其主。根据司法部的指控，杰克逊曾于1997年底裁定，禁止微软将其网络浏览器与"视窗"捆绑在一起销售，但第二年5月上诉法院驳回了杰克逊的裁决。于是，司法部于1998年5月再次将微软拖上被告席，这一次微软险些被分拆为两家公司。

与美国历史上一些重大反垄断案相比，微软案具有显著的特点。

首先，微软基本上是靠自我发展起来的垄断公司。而在1911年和1984年分别被分拆的美孚石油公司和美国电话电报公司则都是靠吞并竞争对手成为各自行业的"巨无霸"的。

其次，微软的发展是以知识产权和知识创新为基础的。

再次，微软虽然对个人电脑操作系统市场拥有绝对垄断权，但并没有利用这一垄断优势无理地抬高价格，其网络浏览器开始时还是免费赠送的。

此外，这是美国进入新经济时代以来最具代表性的反垄断案件，其结局很可能成为今后高技术领域反垄断案件的一个判例。

针对这样一个具有里程碑意义的案件，美国司法部给出的理由，也就是聚焦的点在"推动创新"这四个字上面。在杰克逊做出分割微软的判决前夕，当时的司法部部长雷诺就曾说过，对微软采取反垄断行动是为了创造竞争环境，以增加消费者的选择，这种观点得到不少反垄断问题专家的赞同。

美国布鲁金斯学会反垄断问题专家罗伯特利坦认为，在美国的绝大部分行业中，创新是最重要的推动力，因此，微软一案必须具有开创先例的价值。美国著名经济学家、"新增长理论"的创立者保罗·罗默同样支持对微软采取反垄断行动。他认为，创新是决定消费者福利的最重要因素，而竞争比垄断更有可能带来创新。

其实，美国政府将促进创新作为反垄断政策的重点不仅仅体现在微软案中。前些年，司法部否决了洛克希德—马丁公司对诺思罗普—格鲁曼公司的兼并，理由就是这两大军火公司的合并将阻碍美国关键性防务技术领域的创新。

可以说，正是因为有了微软反垄断案的前车之鉴，谷歌才在2020年的反垄断诉讼中获得一丝话语权。

王羲之为什么会成为东床快婿——信息对称

有句俗话叫"知己知彼，百战百胜"，其实就是要求交战双方要通晓对方的信息，才有可能做出有利于自己的决策。大家都知道"东床坦腹"是指乘龙快婿，与大书法家王羲之有关。但是大家不知道的是，这个故事也体现了信息对称的重要性。

晋代太傅郗鉴想在丞相王导府上找一个女婿，于是派人到王家挑选。这个门生去了王家的东厢房，把每一位公子哥都看了一遍，然后回去禀告说："王家那些小公子都不错，很难分出上下来。不过，听说要选女婿，他们都打扮得非常整齐漂亮，举止也很矜持到位。但是，只有一个公子满不在乎，他躺在东边的床上，还露着肚皮呢，好像根本不知道你要选女婿似的。"

郗鉴一听，就立刻做了决定，认定这个衣冠不整的就是他要找的人，还真的把女儿许配给了他。后来经过打听，原来那个躺在床上袒露肚子的就是日后成为大书法家的王羲之。

此故事作为美谈流传了下来，渐渐地人们就把别人的好女婿称为"东床快婿""东床坦腹""东床"和"东坦"等。

王羲之敢于将自己的真实一面展示给别人，而郗太傅也能慧眼识人，这和经济学中的信息对称有异曲同工之妙。

信息对称是指在相互对应的市场参与者之间，都拥有完全的信息，都掌握度量一致的信息，即不完全程度大致相同。对称就是指相关信息为所有参与交易各方共同分享。在市场条件下，要实现公平交易，交易双方掌握的信息必须对称。换句话说，倘若一方掌握的信息多，另一方掌握的信息少，二者"不对称"，这交易就存在问题，也就是我们后面即将讲述的逆向选择和道德风险。

在传统的经济学理论中，信息对称是一个必不可少的前提条件。有意思的是，当我们假设自由市场是信息对称的，我们会发现，其实在生活中，在我们周围，信息不对称才是常态。总体来讲，信息不对称会对市场产生很大的影响，甚至能影响资源的配置效率，还可能造成拥有优势信息的一方在交易中获得更大的利润，从而使得利益分配失去平衡，也导致不公平的事情发生。

比如，人们在购买商品的过程中，对商品的个体信息认知也会产生信息不对称的情形。一般而言，卖家比买家拥有更多关于交易物品的信息。有些商品是内外有别的，而且很难在购买时加以检验，如瓶装的酒类、密封盒装的商品等。

在生活中，信息不对称也随处可见。比如，你想在附近的餐馆吃饭，但是不知道哪家好，所以最好的办法还是找一个大家都熟悉的品牌店，因为大家都知道品牌店不会差。

21世纪就是一个信息社会，对于个人来说，拥有的信息越多，越有可能做出正确决策。对社会来说，信息越透明，越有助于降低人们的交易成本，提高社会效率。但是客观事实是，一小部分人垄断事物状态的信息，而另外绝大多数人则缺乏事物状态的信息。提高获取信息的能力，增加获得信息的渠道，拥有充满智慧和理性的头脑，我们将尽可能减少信息不对称造成的损失。

夜叉的烟幕弹——信息的不完全性

下面讲一个古代的传说故事。传说有两个商人，带着一支500人的队伍，外出做生意，结果迷了路，找不到吃喝的东西。这时候，他们遇见一位出身高贵的年轻人，这个人不是别人，而是头上戴花的夜叉鬼，他一边走一边还弹着琴。

"你们何必辛辛苦苦载这么多粮草和水呢？前面不远处就有肥美的草和甘甜的清泉。不如你们跟着我来，我给你们带路。"夜叉鬼对大家说。

两个商人中，有一个人相信了夜叉鬼的话，立刻让大家放下身上背的东西，跟在夜叉鬼身后走了。另一个商人却对剩下的人说："在没有看到真正的水和粮草之前，还是不要轻举妄动。凡事要小心些，不要轻易丢掉身上背负的粮草。"

结果，听信夜叉鬼话先走的一队商人，因为找不到水和粮草，全部渴死了，而另一队商人，则攻克重重困难，最终到达了目的地。

在这个传说故事中，因为听了不同的商人的话，队伍中的人获得了两种不同的结局。这两个商人之所以做出不同的决策，在于他们有没有相信夜叉鬼的话。也就是说，他们有没有对夜叉鬼所说的信息做出正确的判断。第二个商人判断正确，才没有相信夜叉鬼的话，最终到达了目的地。

不幸的是，第一位商人领队却受到了蛊惑，并在夜叉鬼所放的烟幕弹下，做出了错误的判断。

在当今社会的经济活动中，不同经济主体的信息资源和信息处理几乎是不对称的。另外，就算是取得相同的信息，但是由于主体本身的能力和环境的差异，经过处理后所做的决策也很有可能是完全不同的。

信息是一种有价值的资源，它和普通的商品是不一样的。因为人们在购买普通的商品时，首先要看一看值不值得买。但是，如果信息作为一种商品，人们就无法事先做出判断，这一信息是值得的还是不值得的，除非这个人已经知道了。人们之所以愿意出钱购买信息，就是因为不知道。一旦知道了，这个信息也就不值钱了。

这时候就出现了一个难题，出售信息的人到底要不要给卖信息的人透露信息呢？应该怎么让买的人明白这个信息的价值有多高呢？要如何让购买信息的人认为自己买的信息值，但又不至于在他付钱之前，把信息透露出去，以防对方知道信息之后就不愿意再付钱了呢？

在这种情况下，要能够做成生意，只能依靠双方的相互信任了。卖者让买者充分了解信息的用处，而买者则答应在了解信息的用处之后即购买它。

信息的不完全性，是信息不对称的一种现象。正是因为信息的这种特性，使得市场交易中会存在道德风险，从而使市场效率低下，在一定程度上限制了市场的作用。

《七宗罪》中对房地产中介的调侃——信息不对称

在影片《七宗罪》中，布拉德·皮特扮演的新来的警官和他的妻子，住在一所每隔五分钟就会发出噪声的房子里。原因就是当时这对夫妇看房子的时候，对房子的任何地方都很满意，中介并没有告诉他们，这个房子唯一的缺点，就是每隔五分钟，就会有一辆地铁从房子附近驶过。

当然，影片是为了内容需要影射妻子的不自在，顺便调侃了一把房地产中介。买过或者租过房子的人，很多有过被房地产中介"忽悠"的经历。通常来讲，房地产中介给客户介绍房源时，会使用很多套路。

比如制造热销假象，定金无论多少都照单全收，或者承诺赠送面积等。

很多房地产的广告非常光鲜，一些房产商广告上写的是有亭台楼阁、小桥流水、露天咖啡广场，但最后却发现一切都是无中生有。如果购房者仔细查看规划文件和设计图纸，再仔细查看物业公共部分与之是否相符，就会发现很多问题。

这都是信息不对称导致的。所谓信息不对称是指在日常的经济活动中，我们无法拥有其他人拥有的一切信息，从而造成一些人知道而另外一些人不知道的情况。市场交易各方所拥有的信息不对等，买卖双方所掌握的商品或服务的价格、质量等信息不相同，即一方比另一方占有较多的相关信息，处于信息优势地位，而另一方则处于信息劣势地位。

一般而言，卖家比买家拥有更多关于交易物品的信息，但相反的情况也可能存在。从经济学方面解释，就是指交易一方对交易另一方的了解不充分，双方处于不对等的地位。

房地产中介和购房者两者之间就存在信息不对称的关系。房地产中介了解房源的真实信息，购房者对房源的情况知之甚少。所以，房地产中介就是拥有信息多的那一方，购房者是拥有信息少的那一方。在这种对信息掌握不对等的情况下，就会发生房地产中介"忽悠"购房者的情况。

同理，《七宗罪》中的剧情，也是因为房地产中介拥有比租客夫妇更多的房产信息才造成了欺瞒行为的发生。

在市场经济中，各种交易都存在不同程度的信息不对称问题。正常情况下，尽管存在信息不对称，但根据通常所拥有的市场信息，也足以保证产品和服务的生产与销售有效进行。但是在另一些情况下，信息不对称会导致市场失灵，这时候可能就需要政府的介入，来规范市场。

第六章 市场通常是组织经济活动的一种好方法——看不见的手

普通消费者在信息不对称的情况下，该如何维护自己的利益呢？一方面，我们要尽可能多地收集信息，让自己掌握的信息和对方的信息尽量对等。另一方面，我们可以采取一些必要的措施，来避免可能发生的"忽悠"问题。

信息不对称大致分为两种情况，其一是事前的信息不对称——道德风险，其二是事后的信息不对称——逆向选择。

大家不太可能知道，有人在研究保险合同的时候，发现了道德风险问题。如果信息不对称，人们就会发生偷懒、搭便车等行为。道德风险也是处处存在的，就以上市公司为例，因为信息不对称导致的种种问题也是频频出现。比如，上市公司违反借款协议，随便改变资金的用途。再比如，借款人隐瞒投资的收益，以此来避免偿付的义务。又或者，借款人对得来的资金没有好好利用，导致投资者受到损失等。

逆向选择现象由肯尼斯·约瑟夫·阿罗于1963年首次提出。阿克洛夫在20世纪70年代发表的著作《柠檬市场》对信息不对称做了进一步阐述。三位美国经济学家阿克洛夫、斯彭斯、斯蒂格利茨由于对信息不对称市场及信息经济学的研究成果，获2001年诺贝尔经济学奖。

在我们的实际生活中，会存在很多因为信息不对称产生的有意思的现象，比如二手车市场、劣币驱逐良币效应等。在接下来的故事中，还会跟大家一一道来。

为什么二手车市场里好车难卖——劣币驱逐良币效应

人们在二手市场进行交易的时候，往往最担心的就是信息不对称问题，因为信息不对称，买东西的人不知道卖东西的人口中所讲的二手商品，是否真的符合所述。就以二手车市场为例，买车的人处于信息劣势，不敢轻易从车的表面来判断这辆车到底好不好，有没有什么毛病，是不是需要大修。可是卖车的人心知肚明，他可能会隐瞒这辆车的不好的一面，而只把好的一面告诉买车的人。

这种信息不对称，会让买车者犹豫不决，为了避免自己的损失，他们最终只愿意出很少的价钱，来买一辆二手车。这就促使卖车的人，也不愿意把好的二手车卖给买车的人。这样就产生了逆向选择——不好的车将好车慢慢驱逐出了市场。这就很容易解释，为什么二手车市场里好车难卖，而次车却相对容易达成交易。

在现实生活中，我们常常会遇到信息不对称的情况。比如，如果夫妻二人同时在工厂工作，工厂老板为了提高工作效率，要精简一部分员工，于是通知双职工家庭，希望其中一个下岗，一个留下。工厂的目的，当然是留下那个工作效率高的工人。但是对于这对夫妻来说，他们宁愿把工作能力弱的一方留在工厂，另一方好去找别的工作。这就是能力弱的员工驱逐能力强的员工的例子。

再比如，你去小卖铺打酱油，你摸兜，有一把旧钱，里面还有几张新票子，你可能会想：先花这几张旧的吧。实际上，并不只有你这么想，而是所有人都会这么想。所以，市场上流通得最多的，是那些旧票子，也就不足为奇了。当然，在如今使用线上支付的时代，已经很少出现这种情况了。

上面举的三个例子，都反映了一个著名的经济学现象，叫劣币驱逐良币效应。在16世纪的英国，因为黄金储量紧张，只能在新制造的金币中掺入其他金属。于是市场上就有两种金币：一种是此前不掺杂质的金币，一种是掺入了杂质的金币，但两种货币的法定价值一样。这样，人们都会收藏不掺杂质的良币，使用掺入杂质的劣币。时间一长，市场上流通的就只有劣币了，全部良币都退出了流通——这就是劣币驱逐良币效应。

劣币驱逐良币效应是被英国经济学家格雷欣发现的，也叫格雷欣法则。格雷欣法则有一个前提，就是劣币和良币的法定价值不变。在我们的现实生活中，正是因为缺乏一定的激励机制，导致良币没有生存空间，也没有对劣币行为形成惩罚机制，给那些投机的人钻了空子，获得不当的收益。

如果不能改变这样的环境，良币就会永远被劣币驱逐和淘汰。照这个方向发展下去，良币为了生存，还会向劣币转变，整个社会的环境将会污浊不堪。伴随着良币越来越少，劣币之间的竞争和蚕食就会越来越激烈，从而使整个市场陷入万劫不复的深渊。

既然劣币驱逐良币现象的危害如此之大，那我们应该采取什么措施来抵制这一现象呢？回归到文章开头提到的信息不对称问题，为了杜绝劣币驱逐良币效应的出现，形成良性循环的市场，我们还有很多工作要做。

新加坡是一个采用"高薪养廉"政策，并且提倡精英治国的国家。新加坡的政府前官员的薪酬比美国的都要高很多,甚至其银行、大学、政府企业的高管的薪酬都要比其他发达国家高。为什么呢?只有用高薪才能把政府中那些廉洁、有能力的官员留住。

另外一个典型例子的代表是体育界,美国 NBA 是世界上篮球运动员收入最高的,因此美国 NBA 可以一枝独秀,即使是国际赛事也无法与之匹敌。

信息不对称是市场经济的弊病,要想减少信息不对称对经济产生的危害,政府应在市场体系中发挥强有力的作用。这一理论为很多市场现象如股市沉浮、就业与失业、信贷配给、商品促销、商品的市场占有等提供了很好的解释,并成为现代信息经济学的核心,被广泛应用到从传统的农产品市场到现代金融市场等各个领域。

为什么房价会那么高——啤酒效应

先给大家讲一个有趣的小故事:一个外国的富家子弟,带了一千万美元到异国投资。为了有个住处,他先花两百万美元买了一套房子,剩下的八百万美元用来创业。五年过去后,他创业的八百万美元基本亏没了,只好把房子卖了,带着一千万美元的卖房款离开了。

故事虽然夸张了一些,但是却生动表现了房价暴涨的现象。很多人都不理解,明明房子这么多,为什么房价能达到如此之高呢?其实,这也与我们掌握的信息有关系,经济学上管信息失控产生的后果叫作啤酒效应,也能解释房价虚高的原因。

啤酒效应是指，因为一个产业链中各节点企业之间资讯的不对称，以及为了追求自身利益的最大化，造成了需求资讯在内部的传递中失真。

换句话说，就是因为信息在传递过程中出现了失控现象，使得啤酒的零售商对未来的销售市场盲目乐观，而不断地增加订货量。这些源源不断的假想的需求，则刺激了生产商，生产商扩大生产，又鼓励了原料供应商。也就是说，需求信号在向原料供应商传递的过程中，被一节节放大，原本消费者可能只需要10瓶啤酒，但是传到原料供应商那里，就变成了1000瓶的印象。

在这个过程中，因为除了零售商，大家都不知道市场的实际需求，或者即使知道，还是会存在一种侥幸心理与投机心理，想赚得更多，最终就让这个信息严重失真，10瓶的需求造成了1000瓶的生产。

房地产市场因为啤酒效应，导致信息失真。开发商对房地产市场充满了信心，为了赚更多的钱，盖更多的房子，他们就会疯狂拍地。而这个土地因为被开发商抢购，地价一路飙升。地价大涨，房价就也跟随大涨。而消费者并不知道这种情况是因为信息失真引起的，所以大部分人都有一种买涨不买跌的心理。

投资者一看，房地产市场这么火爆，赶快投资，这就让房地产市场又得到了大笔资金的注入，开发商再次对房地产市场充满信心，继续疯狂拿地。在啤酒效应的作用下，房地产市场的泡沫越来越大，最终走向破灭。

啤酒效应暴露了供应链中信息传递的问题，不对称的信息往往会扭曲供应链内部的需求信息，而且不同阶段对需求状况有着截然不同的估计，如果不能及时详细地掌握供应链的供求情况，其结果便是导致供应链失调。可怕的市场泡沫往往就是啤酒效应所导致的后果，即信息在传递过程中出现了偏差。

在生产经营过程中，啤酒效应其实是很常见的，即使是像HP、IBM、宝洁这样的知名企业，也避免不了啤酒效应的影响。这个名词告诉经营者——供应链的管理是有多么重要。在供应链的延伸过程中，如果因为信息不准确，对消费者的需求判断不准，企业之间的合作与协调性变差，就有可能造成供应链的失衡。要么生产过剩，库存居高不下；要么需求满足不了，错失良机。出现这些问题的主要原因就在于啤酒效应。

啤酒效应扭曲了供应链内的需求信息，不同阶段对需求状况有着截然不同的估计，其结果导致供应链失调。

以高端白酒为例，这些年，我国的高端白酒发展十分迅猛，出现了一大批高端白酒品牌，有的是一步登天，有的低开高走，从低端逐渐打入高端市场。但是我们也发现，这些年白酒的竞争十分激烈，我们曾经见到那么多高端白酒，但是也有很多消失不见，原因就在于多数的品牌已经随着啤酒效应，像泡沫一般破灭了。

太多因素引发了高端酒的消费现象，所以其高额的价值空间吸引了零售商、供应商、制造商对高端酒的关注。更多的商业资本通过厂商联营、贴牌定制等在高端获利，从而吸引了更多的厂家和商业资本的注入。

最终，由于高端酒的销售周期性原因（逢年过节），以及商超终端和批发环节的大宗团购的影响，而引发了更上一级的供应商更大的供货量及库存量，而随着季节性的变换，厂家通过压货、抛货、转移库存等营销措施进一步促进了高端白酒的啤酒效应。

因为信息的传递失真,也因为企业在生产过程中的一些不确定性因素,会导致企业巨大的经济损失,比如,花出去的包装、人员、营销、运输等成本都付之东流。所以,一个品牌要想进入高端市场,一定要对本身的资源、品牌定位、流通渠道等信息有足够充分的掌握,准确切入,否则就骑虎难下了。

为什么废弃的共享单车越来越多——公地悲剧原理

从2016年年底开始,共享单车进入人们的视野,因为解决了用户最后一公里的问题,所以迅速获得市场的青睐。但是,不好的现象随之而来。一些破坏行为也出现了,比如,有人拔了这些车子的座椅或者拆了脚蹬子拿去卖钱,还有的人把车子挂在树上或者扔进河里,也有的人把车子据为己有,推回自己家使用。这就导致一些城市随处可见共享单车的半残的"尸体"。这一现象也说明了经济学的另一个现象,叫作"公地悲剧"。

"公地悲剧"是一种涉及个人利益与公共利益对资源分配有所冲突的社会陷阱。简单地说就是,有限的资源如果不加以限制,可以被自由使用的话,会因为个人的贪欲而受到过度的剥削,最终会导致个人所获取的短暂收益要集体来为之买单。

从本质上看,公地悲剧的原因,是每一个人都想尽可能地多占用公共资源，并不在意这些资源是否还能可持续发展，完全出自一己私利。这是因为公共资源是大家共享的，但是在利己主义的思想下，每一个人都想自己多用一点儿，造成对资源的过度使用和浪费，从而导致了资源的枯竭。很多人的目的就是从这些共享的资源中不劳而获，并不在乎自己的行为是否对它造成伤害。结果就是这些自以为聪明的爱占便宜的人，超负荷使用了这些公共资源，继而毁掉了它们，酿成公地悲剧。

严格来说，共享单车还不属于公共资源，只能算共享经济的一种表现形式。然而，由于其共享性，人人都可以用，也因此不具有排他性。这样一来，使用者也不会像使用自己的爱车一样倍加呵护，小心谨慎。作为一项资源，共享单车的每一个客户都有使用权，但却没有权利去阻止他人使用，而每一个人都倾向于过度使用，从而就会造成共享单车的使用寿命降低，废弃的单车也越来越多。

说到公地悲剧，其实可以追溯到英国的圈地运动。在15至16世纪，英国的草原、森林、沼泽等这些都属于公共土地。就算是耕地，即便是有主人，当时收割完庄稼，围栏被拆除后也要作为公共牧场开放。

随着英国对外贸易的发展，牧羊业发展迅速，因此大量的羊进入公共牧场。不久，土地开始被毁坏，出现了"公地悲剧"。一些贵族甚至通过暴力手段非法获得土地，并开始使用围栏圈住公共土地使其成为他们自己的土地。这就是我们在历史书中学到的臭名昭著的"圈地运动"。

圈地运动让农民和牧民失去了赖以生存的土地，被称为"羊吃人"的运动。此后，由于土地产权的确立，土地从公共所有变为私人领地，所有者更有效地管理土地。为了长远利益，土地所有者将尽力保持牧场的质量。土地合并后的生产单位已经发展成为一条大规模的生产线，劳动效率得到了很大程度的提高。

由此可见，正是因为产权的不明确，才造成了公地悲剧，因为在产权不明确的情况下，企业或个人在使用资源的时候，所花费的成本要小于社会所需要付出的成本，才造成了资源被过度使用。所以对于企业来讲，如果产权模糊不清，特别是如果员工没有产权意识，那么也就没有使用产权的内在动机。结果就是人人所有，又人人没有。都想吃大锅饭，谁都不想负责任。一方面职工对企业的生产效率漠不关心，另一方面又想从中得利，获得短期利益。要么对资源使用不足，要么浪费资源。

如何预防"公地悲剧"的发生——科斯定理

经济学里有个著名的科斯定理，是这么说的：只要财产权是明确的，并且交易成本为零或者很小，那么，无论在开始时将财产权赋予谁，市场均衡的最终结果都是有效率的，实现资源配置的帕累托最优。

怎么理解呢？先来看个例子。

假定有两个水手甲和乙，他们的船在航海中触礁沉没了，幸存后的他们逃到了一个荒岛上。他们随身带的东西不多，甲带着食品，乙带着药品。两个人都对食品和药品有需求，如何交换才能使两个人的境况尽可能地好，使他们得到的满足最大化呢？按照经济学的理论就是，两个人的食品和药品的边际替代率相等，在某一点上，如果两个人交易的满足程度是一样的，就达到了资源配置的最佳效率，也就是实现了帕累托最优。

讲得通俗点，一个简单的标准就是，看这项交易是否令双方都同意，而且双方是否对交易的结果感到满意。如果都满意了，且谁也不愿意再改变，就是帕累托最优了。这个案例不自觉地印证了科斯定律：不管权利初始安排如何，市场机制会自动使资源配置达到最有效率的效果，就是经济学上讲的帕累托最优。

还有一个典型案例就是道路的使用效率。最早没车的时候，只有行人。有轿子、马车的时候，人们就让一让。后来自行车成为主要代步工具，大马路上浩浩荡荡的自行车队颇为震撼。但现在道路的主人基本是汽车，自行车道被挤到一边去，人行道放在了最边上。这就是交通的科斯定律应用。

科斯定理的核心思想是交易成本的问题，可以细分为三种情况：①当交易成本为零时，不管最初的配置是什么样的，当事人之间利用谈判，最终会使得这些财富得到最充分的安排。②在交易成本不为零的情况下，不同的权利配置会带来不同的资源配置。③因为交易费用的存在，不同的权利界定和分配，会带来不同效益的资源配置，所以要想达到资源最优化配置，也就是帕累托最优，必须明确产权制度。

产权是关键词，也是解决公地悲剧的重要手段。公地悲剧中，资源大量浪费，就是因为产权不明晰。但是，科斯定理中，明确指出产权明晰这一前提下，资源才有可能达到有效配置。

科斯定理说明，市场的最大作用不是制定出价格，而是明确出产权，只要产权明确，那么，人们自然会议论出合理的价格来，这也为解决公地悲剧提供了一种新的思路和方法。

举个例子，化肥厂生产化肥，为自己带来经济效益的同时却为周边的居民带来很大的污染。从社会角度来说，是十分不利的。为了使污染减少必须限定化肥的生产量，于是政府可以通过征税或者"分配产权"来实现减少化肥产量的目的，但是征税也是需要花费成本的。

如果按照科斯定理，只要把"产权"分配给附近居民就行了，这样一来，化肥厂如果不给附近居民一定数额的补偿就别想继续生产，在一番讨价还价之后，无论财富如何分配，是否公平，只要把产权明确了，资源的配置和利用就都是相同的，即都是生产那么多的化肥，排放那么多的污染，支付居民那么多的赔偿。

政府的职能这时候就显示出来了，那就是一定要明晰企业或者资源的所有权，并通过相关的法律法规，来明确各方的责任和义务。科斯定律告诉我们，只要所有权是明确的，而牵扯到的利益各方的谈判、签约等花去的成本足够低，那么无论产权归属于谁，最终的结果都能达到资源的最优配置和使用。对于一个企业来说，一定要做好企业的产权安排，才能避免公地悲剧的发生。另外值得注意的是，产权稳定也十分重要，如果产权不稳定，一会儿归东家，一会儿归西家，那么即使产权明确，资源也会被掠夺性使用。

为什么公园树上的李子很早就被人吃光了——外部效应

在现实世界中，我们很难找到科斯定理那样的前提，因为财产权的明确是非常困难的一件事情，而界定产权的交易成本也不可能是零，有的时候还会非常大。所以，想依赖市场去矫正外部效应，是有一定困难的。

外部效应又称经济外部性，是一个经济学的重要概念，指在社会经济活动中，一个经济主体（国家、企业或个人）的行为直接影响到另一个相应的经济主体，却没有给予相应支付或得到相应补偿，就出现了外部性。就是说某个人或某个企业的经济活动对其他人或者其他企业造成了影响，但却没有为此付出代价或得到收益。

公园里的李子，因为没有实际的责任监督人，所以它就无法安全地长大到成熟。但这只是表象，因为它具有诱惑性，所以人们不会管它是否可食用，总是会去采摘，如不成熟就丢弃。所以去公园里玩的人，始终吃不到树上真正甜美的李子。

而真正在暗中惦记着的人，会很有经验，去判断李子的成熟时间与外表特征。待李子在成熟的前几天，酸涩味未除，他们就已经下手了，因为他们知道等不到李子在树上成熟别人就会采摘完。所以他们总是依据李子成熟的时间与经验先人一步把青涩的李子采摘掉，放在家里等它自然熟透就不会酸了，而且非常甜美。

结果是别人永远看不到公园李子树上的成熟果实，就已经被人先下手了。而这些先下手的人，并不会受到什么惩罚，只是付出一点时间代价，就能获得这么大的收益，自然很乐意。原因就是公园的李子树不属于个人财产，没有明确的产权，得不到监督人很好的监管。

全球气候变暖的因素——外部效应

全球变暖已经成为全球人民面临的重要问题了。有意思的是，有人竟然把全球变暖的原因归到牛的身上，认为牛放屁也会导致全球变暖。不过，这里讲的牛，不仅仅代表牛这种生物，还包括羊、马等食草动物。这些动物放的屁，其中含有一种叫作甲烷的气体。而甲烷气体造成的温室效应，可比二氧化碳高多了，是后者的21倍。

数据显示，一头牛每天排放的甲烷量，约有400公升。2015年全球牛存栏量达到9.6亿头，这么一算我们发现，每年牛排放的甲烷总量确实很惊人。

经济学家遇到这个问题，会用"外部效应"来解释，也就是说，牛放屁这件事，引发了别人被迫为其付出代价——气候变暖，这就是外部效应。

不仅牛放屁具有外部效应，我们每个人的行为，都会产生外部效应。比如，酷暑的天气，我们下班回到家里，特别想放松凉快一下，于是就把空调开到很低的温度，即使要为此多付一点电费，也觉得没什么大不了。可是这个行为会导致发电厂要多排出滚滚黑烟。因为要发电，就要烧煤（核电、风电、水电除外），水到达沸点之后才会变成水蒸气，水蒸气的动力再带动涡轮机，进而带动电机发电。有了电，我们的房间才会变冷。

而发电所需要的煤，要经过开采运输，这里面将付出环境成本，还有发生工伤的可能。你可能没有意识到，你使用空调会带来这么多外部效应，因为现代技术的发达隐藏了这些外部效应，你只需打开开关，空调就运转了，你并没有关注到矿井下挖煤的工人和工厂里冒出的滚滚浓烟。

再举个例子，我们每个家庭都会使用塑料袋，这些塑料袋用来盛放东西，有的用来盛放垃圾。可是很多塑料袋因为短期内没办法降解，会影响周遭的土壤性质，如果被扔到了海里，就会对海洋生物造成伤害。这就是我们带来的外部效应。

当然，外部效应也不都是坏的影响，也有正负之分。好的或积极的影响被称为外部正效应，比如种花的人和种植果园的人就给养蜂的人带来了外部正效应。再比如，公司内部的员工培训、激励机制，都能使员工更加努力工作，完善自我，这就是外部正效应。

按照微观经济学的供需平衡理论，市场行为的发生，取决于这个商品的需求和供应的平衡，却并没有考虑外部效应。比如香烟的生产，按照需求理论，只要有人卖，又有人愿意以某个价格购买，交易就达成了，并没有考虑外部效应的问题。

所以，外部效应不是通过市场机制来产生作用的，也是无法通过市场机制来调节的，那该怎么办呢？如何让外部正效应发挥作用而消减外部负效应呢？其实可以通过政府承担的责任来解决。政府可以通过补贴或直接的公共部门的生产来推进外部正效应的产出。通过直接的管制来限制或遏制外部负效应的产出。

回到前面的全球变暖问题，并不是一个国家凭一己之力就能解决的。因此，国际社会会定期召开气候大会，以商讨解决办法。2015年12月，在法国巴黎召开的第21届联合国气候变化大会，就通过了新的关于控制全球气候的《巴黎气候变化协议》。

第七章

政府有时候可以改善市场结果——政府干预

显而易见，为了保障市场能够正常运行，首先要保障产权所属。所以，这时候政府的职责就很明显，就是要保护市场这只"看不见的手"。而政府如果要进行干预，只有可能是出于以下两个原因：一个是促进公平，另一个是提高效率。虽然市场机制常常具有自治功能，在多数情况下可以有效地配置资源，但是也有出现例外的时候。

经济学家用"市场失灵"这个术语来指市场本身不能有效配置资源的情况。政府和市场经济体制都不是万能的，政府有时可以改善市场结果并不意味着它总能这样。学习经济学的目的之一就是帮助我们判断什么时候一项政府政策适用于促进效率与公正。

货币政策和财政政策是政府常用的两种手段。

财主为什么成为秃头——市场失灵

从前，有一个财主娶妻纳妾。妻子的年龄比财主大，而妾的年龄比财主小。

妻子觉得自己和财主在一起显得比较老，于是经常拔掉财主头上的黑头发，只要他头上的黑发少了，自然就显得年老一些了，这样或许更般配。而这个小妾的想法正好相反，为了让财主显得年轻一点，她和财主在一起的时候，总是拔光财主头上的白头发。

于是，一妻一妾都开始了自己的行动。财主在妾那里，妾就给他拔白头发；财主在妻那里，妻就给他拔黑头发。没过多久，财主便成了秃头。这可是两个人都不愿意看到的结果。

在这个案例中，不管是妻还是妾，她们的利己主义行为并没有造成好的结果，而是造成了不好的结果，也就是造成了市场失灵。

市场失灵作为经济学中一个重要的概念，是指市场本身不能有效配置资源的情况，或者说市场机制的某种障碍造成配置失误或生产要素浪费性使用。古典经济学家认为，每个人从利己的目的出发，就能达到市场优化的效果。但事实证明，如果人人利己、放任自流，也会造成"市场失灵"的悲剧。

市场失灵告诉我们，虽然市场是一种很好的资源配置方法，比计划经济更加有效率。但是，市场机制可不是万能的，人们的衣食住行，所有领域，都不一定要市场照顾到，这时候市场失灵就出现了。

造成市场失灵有很多原因，信息不对称、财富的分配不均匀、收入的分配不公平、外部负效应的出现等，都可造成市场失灵。正是因为市场失灵的存在，政府就需要出面，干预市场的运转，确保资源的优化配置。也就是说，我们不但要尊重市场规律，也要由政府出面，适当进行调控，才能有效地遏制市场失灵的现象。

汉武帝的"算缗告缗"制度——税率

税收优惠是指国家在税收方面给予纳税人和征税对象的各种优待的总

称，是政府通过税收制度，按照预定目的，减除或减轻纳税人税收负担的一种形式。

提高税率不仅可以提高政府的财政收入，还可以影响相关产品的销售量。降低税率，对国家的经济发展也同样能起到非常明显的作用。就拿里根的经济政策来讲，在1973年的时候，美国经历了石油危机之后的经济大萧条。里根上台之后，演绎了一场经济圈的"敦刻尔克大撤退"，推出减税政策，利用减税，刺激消费和企业的活力，以此来刺激投资和经济发展。事实证明，这次减税政策非常有效，不仅恢复了美国经济，也恢复了美国人的信心。

里根上台八年，一直到1989年离开白宫，让美国经济从萧条进入繁荣时期。在他离开白宫以前，美国的最高税率降到了28%，而失业率降到了6%。

但是，税率和税收作为重要的经济杠杆，只有被合理运用才会促进经济发展，才能促进人民生活水平的提高。有的时候，税收政策也不是一蹴而就的。比如，提高香烟的税率并不会阻碍烟民的增加。

再来看看另外一个关于税率的历史故事。

汉武帝时期，为了解决财政危机，巩固封建统治，在元狩四年（公元前119年），根据御史大夫张汤和侍中桑弘羊的建议，颁布了打击富商大贾的算缗令和告缗令。

算缗令，简单来讲，就是帝国范围内的富户主动申报自己的财产总额，每申报"两缗钱"或者"四缗钱"，就要上交给帝国国库"一算钱"。这就相当于以国家名义为幌子的"吃大户""打秋风"，反正国家缺钱，老百姓缺钱，绝对不能让商贾们睡踏实。

第七章 政府有时候可以改善市场结果——政府干预

因为算缗令的存在,富户们并不甘心被这样平白无故地"薅羊毛",他们就会千方百计地隐匿自己的真实财产。这样在"算缗"的基础上,又出现了"告缗"。告缗比算缗更狠,就是检举揭发。只要穷人检举揭发一个富户隐匿财产,那么这个富户的财产就要被全部没收。没收后的财产二一添作五,国家一半,揭发人一半。

"算缗、告缗"的制度一旦确立,帝国范围内的富商大贾的灾难就算是降临了,所以在汉武帝一朝,商人的地位不高,商品经济也不发达。

税率是税额与课税对象之间的数量关系或比例关系,是指课税的尺度。我国现行税率可分三种:比例税率、定额税率和累进税率。通常,税率是收取税收时一项重要依据。此外,通过税率的变化,政府可以在清楚地了解人们的消费行为和习惯后,进行有效的调节。否则,就可能造成相反的结果。

我们都有这样的体会,买房要交房产税,买车要交车船购置税,就算买一些必需品,一些日常生活用品,也要交消费税。而我们发的工资、奖金、稿酬等,都要按比例缴税。个人所得税,就是税收政策的一个重要分支。个人所得税是调节收入,减少贫富差距的有效途径之一,也是调节经济发展的重要手段。个人所得税是国家对本国公民、居住在本国境内的个人的所得和境外个人来源于本国的所得征收的一种所得税。在有些国家,个人所得税是主体税种,在财政收入中占较大比重,对经济亦有较大影响。

2019年,我国个人所得税开始实行新的法案,对其中六项进行了减免政策,其目的之一就是刺激消费,推动经济长足发展。

人们为什么有底气享受生活——社会保障

到过欧洲旅行的人，对欧洲有一个典型的印象，就是欧洲人生活得太滋润、太悠闲了。以瑞士为例，这是个旅游业非常发达的国家，一年四季都不缺乏前来观光的游客。但是逢年过节，瑞士可就没那么热闹了，大多数城市的商店和餐饮娱乐场所，到点就关门歇业。原因很简单，员工要回去享受生活了。

瑞士人放着大钱不挣，一心追求优质的生活质量和悠闲的生活方式。究其原因，是因为瑞士有很完善的社会保障制度，上到官员下到百姓，人们都满足于现在的生活状况，很少再为五斗米折腰。

瑞士人的平均收入在全球名列前茅，平均月工资4000多瑞士法郎。即便是瑞士连锁超市的最低级售货员，每个月也能挣上3000瑞士法郎。瑞士的社会福利制度相当完善，瑞士人一旦参加工作，雇主就必须为其建立社会保险账户，未雨绸缪，为他储蓄养老金。100多年的和平环境，使得瑞士人早已过了忙忙碌碌创造财富的阶段，瑞士中央银行的黄金储备过多，不得不每天甩卖1吨，普通瑞士人虽然将工作权利看得很重，但是更追求休息的权利。

社会保障是指国家和社会通过立法对国民收入进行分配和再分配，对社会成员特别是生活有特殊困难的人们的基本生活权利给予保障的社会安全制度。社会保障的本质是维护社会公平进而促进社会稳定发展。

在很久以前,社会保障制度就在实行。在公元前560年的希腊,政府为了犒劳上前线打仗的人,都会给伤残的士兵和退伍的军人及亲属发放体恤金,给那些困难群体提供一定的生活用品,还让穷人也享受一定的医疗救助等社会福利。

而英国的保障制度大规模发生在圈地运动之后。鉴于大量农民因丧失生计流入城市,威胁城市正常生活和社会稳定,于1601年颁布了缓解贫困者生存危机的法令。社会保障发展到1948年,英国宣布建成"福利国家",许多国家相继效仿。久而久之,一个国家的福利程度已经成为衡量这个国家经济发展水平的标准之一。

里根为什么只拍四部电影——拉弗曲线

里根在成为美国总统之前,曾经在一家电影公司做演员,通过拍电影挣过大钱,可是他当时只拍了四部电影就不拍了。为什么呢?原因居然跟当时的税收政策有很大关系。那时候正值第二次世界大战,当时的战时附加税税率高达90%。他拍完四部电影,所得的收入已经达到最高税率那一档了。如果再拍第五部,就会得不偿失。因此,里根拍完四部电影就停止工作,然后到乡下度假。

高税率使人们更少地工作,低税率使人们更多地工作。这是里根在拍电影期间得到的启示。与此同时,当时的经济学者拉弗也提出了相同的结论,认为如果政府一味提高税率，到某一点之后，就会制约人们劳动的积极性，从而阻碍经济的发展，这一结论被称为拉弗曲线。

所以，里根在竞选总统的时候，把拉弗曲线作为理论基础，为他的政策提供依据。里根以自己的亲身经历证明，过高的税率只会抑制人们工作的热情。为了激励人们出去工作，应该降低税率，这样不仅不会减少政府收入，而且会因为人们都参与经济恢复而增加税收。

于是在里根政府执政期间，拉弗曲线顺理成章成为"政策性曲线"。在里根政府执政时期，拉弗在总统经济政策顾问委员会任职。他在1981年和1986年的减税政策中发挥了至关重要的作用，最终将最高边际税率从70%降到28%。

拉弗曲线和它所代表的供应学派税收理论在西方经济学界轰动一时，引发了以"降低税负，扩大税基"为导向的世界范围的税制改革和经济调整，其影响直至今日。当年里根通过减税、放松政府对企业的管制，让美国走出了经济停滞、通货膨胀，被很多美国人和经济学家奉为"小政府、大社会"的成功案例。

里根和拉弗的故事，告诉我们，一个国家的税收固然重要，但是向老百姓征收的税率并不一定是越高越好。从表面上看，税率越高，似乎能收到的税收就越高。但是，一旦税率到达某一个拐点，就不利于国民的生产积极性，从而打击了商业的发展。

即便是在当代的欧洲，其实高税收的政策也并未十全十美，一旦经济增长放缓甚至停滞，欧洲各国政府普遍陷入入不敷出的困境，高福利就成为一个沉重的包袱。

拉弗曲线描绘了政府的税收收入与税率之间的关系，当税率在一定的限度以下时，提高税率能增加政府税收收入，但超过这一限度时，再提高税率反而导致政府税收收入减少。因为较高的税率将抑制经济的增长，使税基减小，税收收入下降，反之，减税可以刺激经济增长，扩大税基，税收收入增加。

威力无比的格林斯潘——货币政策

在美国金融界，曾经流传着这样的评论："格林斯潘一开口，全球投资人都要竖起耳朵。""格林斯潘打个喷嚏，全球投资人都要伤风。"

"谁当总统都无所谓，只要让艾伦当美联储主席就成。"这是1996年，在美国大选前夕，《财富》杂志放在封面的一句口号。

格林斯潘为何有如此大的威力？

说起来他也和时任美国总统里根有莫大的关系，他是美联储的前任掌门。1987年的时候，里根亲自任命他执掌美联储，一干就是18年，一直到2005年才离开。在这期间，美国总统都换了四位，可以说是美国历史上任期最长的美联储主席。

"美联储"是美国中央银行联邦储备委员会的简称。从1913年至今，美联储一直控制着美国的通货与信贷，起着"最后的借款人"的作用。为了给美国"提供一个更安全、更稳定、适应能力更强的货币金融体系"，美联储运用公开市场业务、银行借款贴现率和金融机构法定准备金比率三大杠杆调节经济。

作为美国中央银行的掌门人，格林斯潘之所以有如此大的作用，是因为他手里握着重要法宝——货币政策。

货币政策指的是中央银行为实现既定的经济目标运用各种工具调节货币供给和利率,进而影响宏观经济的方针和措施的总和,可以说是中央银行的法宝。货币政策通过中央银行调节货币供应量,影响利息率及经济中的信贷供应程度来间接影响总需求,以达到总需求与总供给趋于理想均衡的一系列措施。

通常,货币政策分为扩张性的政策和紧缩的政策两种。

扩张性的货币政策是通过提高货币供应增长速度来刺激总需求。这种政策让信贷的取得更为容易,利息率会降低。因此,在总需求与经济的生产能力相比很低时,使用扩张性的货币政策最合适。在2008年美国爆发的金融危机影响到我国经济发展时,我国采用适当宽松的货币政策,利息较低,全社会贷款总额持续上涨。

紧缩性的货币政策是通过削减货币供应的增长率来降低总需求水平。这种货币政策因为取得信贷较为困难,利息率也随之提高。因而,当出现较为严重的通货膨胀时,采用紧缩性的货币政策较合适。

货币政策有四大作用:一是稳定物价,二是增加就业,三是促进国民经济增长,四是平衡国际收支。货币政策主要调控的是货币的供应量。因此,货币政策很大程度上决定了全社会的购买力,也和消费物价水平密切相关。

而我们前面所讲的税收、税率等政策,则属于财政政策的范畴。财政政策是指国家根据一定时期政治、经济、社会发展的任务而规定的财政工作的指导原则,通过财政支出与税收政策来调节总需求。增加政府支出可以刺激总需求,从而增加国民收入,反之则抑制总需求,减少国民收入。税收对国民收入是一种收缩性力量,因此,增加政府税收可以抑制总需求从而减少国民收入,反之则刺激总需求,增加国民收入。

从教授的实验到橙子的命运——公平与效率、帕累托最优

关于社会财富是否应该平均分配，有这样一个讨论。在美国一所商业大学的教室里，很多学生都主张财富应该平均分配。教授对于这个建议，并没有直接评价，而是先让大家做一个实验。实验是这样的，不管每个学生考多少分，他会给每个学生的成绩和平均成绩相同，也不会给不及格，大家的成绩都一样，便没有了压力。

第一次考试结束后，大家得到了 B+ 的平均成绩。一轮过后，原本考得好的同学就不太情愿，认为自己再努力，考的成绩也会和大家一样，于是在学习上放松了。而那些原本就不用功的同学，反正学不好有学习好的在前面顶着，就更加不用功了。

结果第二次大家的平均成绩变成 B–，第三次便成了 C。这时一些学生找到教授说，不能再这样了，否则大家都要不及格了。教授指出，平均分配社会财富的结果就是这样，虽然一些人在短期内得到了好处，但是很快这点好处吃完之后，结果就是普遍的贫困化。

另外一个例子，比如公司福利，带领大家去旅游，在旅游目的地的选择上，出现了分化。最初，旅游目的地由公司直接确定，员工没有选择权。很多员工提出这样不公平，因为不是员工自己的选择，获得感降低。

后来，通过员工投票选择目的地，还是有人喊不公平，自己想去的地方，

因为票数少，被淘汰，奖励效率还是很低。最后，公司给出几个目的地，员工可以选择最想去的，分批旅游，终于没人再抱怨不公了，可是公司为此付出了更多的精力和财力，就是我们前面讲的交易成本大大提高了。

显而易见，我们在追求绝对公平时，往往忽略了一个重要的问题——效率。我们常常公开宣扬公平，可是很多人并不清楚公平的真正含义，当有人针对某些现象大呼"不公平"的时候，我们是否可以站在经济学人的角度，来重新审视什么是公平。很多时候，人们眼中的公平，正是效率的反面。要做到既公平，又有效率，似乎有点困难。

再来看看一个橙子的命运。有两个小朋友，都特别喜欢自己动手，用橙子来制作自己喜欢吃的美食。一天，他们将一同买回来的橙子放在桌子上，一个小朋友将橙子平分成两半，另一个小朋友将两半分给一人一半，然后两个小朋友高高兴兴地回家，做橙子美食去了。

其中一个小朋友喜欢喝橙汁，他把拿到的半个橙子剥皮，将皮扔掉，只将果肉放进榨汁机里，榨成了鲜美的果汁。另一个小朋友喜欢做橙味蛋糕，他把橙味更浓的橙皮剥下，磨成碎末，混在面粉里烤成了蛋糕，果肉则被扔进垃圾桶。

看出什么不对劲了吗？表面看起来，两个小朋友似乎得到了公平的待遇，每人分得一半橙子。但是，他们并没有合理地利用自己手里的橙子，都有所浪费。聪明的人立刻就想得出，如果重新分配，应该把橙子皮剥下来给第二个做蛋糕的小朋友，把果肉留给第一个榨橙汁的小朋友，这样，橙子不仅没有浪费，每个小朋友收获的资源也增加了一倍。

可是一人一半才是最公平的分配啊，在这种情况下，却没有达到资源的最佳利用，就是说，公平分配阻碍了效率。

第七章
政府有时候可以改善市场结果——政府干预

公平与效率，在我们日常生活中，常常背道而驰呢。经济学家、管理学家、政治学家们，长久以来都在关心一个问题——如何兼顾公平和效率，这也是一个国家向前发展需要解决的命题。

经济学中，效率分为资源的配置效率和生产组织效率，主要指从一定的投入中获取最终产品（数量和质量）的能力。效率主要通过市场经济体制来解决，因为市场经济体制是以市场机制作为配置社会资源基本手段的一种经济体制，它背后遵循的一条最基本的经济学定律，就是帕累托最优定律。

这个经济学定律是由意大利的经济学家帕累托提出的，他还有另外一个名字叫作"帕累托效率"。经济学上的效率，指在一定的经济成本的基础上所能获得的经济收益，和我们常说的效率不是一个概念。

亚当·斯密管市场经济体制叫作"看不见的手"，因为它是通过市场自身的运行规律在发挥作用，是人们自然而然选择最大化效用产生的结果，这种结果使资源的配置达到最优。

如果想让市场在资源配置中发挥充足的作用，就要让这只"看不见的手"去发挥，挣脱套在手上的不必要的束缚。只要是市场能做好的，市场机制能解决的，就不要随便干预。这就是追求效率。

公平是指产品的分配应该按照一定的方式进行，合乎人类的伦理和道德准则。公平往往是政府在主导，通过政府的宏观调控，比如财政政策或者税收政策等，来实现公民个人权益的相对公平。

而政府的作用，主要在公共服务领域的发挥。相对于市场机制，政府更像是一只"看得见的手"，和市场这只"看不见的手"，两者协同配合，才能发挥出最大效用。

第八章

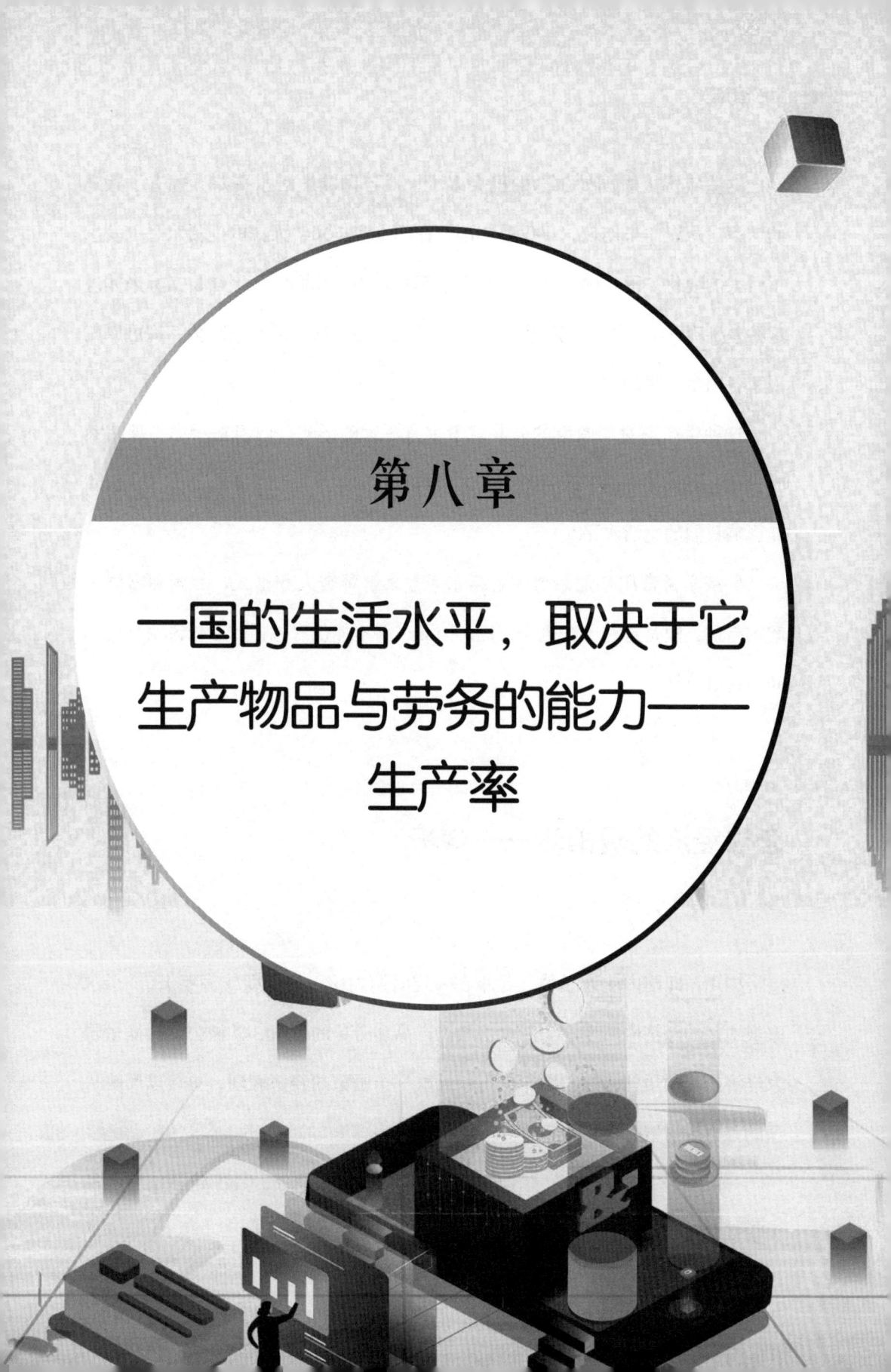

一国的生活水平，取决于它生产物品与劳务的能力——生产率

这些年国人去国外旅游的机会多了,对各国的生活水平差异也有了直观的认识。从纵向来比较,仅仅是中国,在四十多年来,人民的生活水平也发生了巨大的变化。国与国之间的生活水平都有差距,我们应该用什么指标来体现这种差别呢?有一个名词叫生产率。可以说,各国的生活水平高低,都可以归因于各国生产率的差别。

这种生产率对于政府的公共政策也有深远的影响。政府在考虑一项决策时,往往更加关心这一政策是否能够影响我们的生产率和劳务的能力,从而才能影响我们的生活水平。

经济学常常用基尼系数和恩格尔系数来解释穷人和富人、穷国和富国之间的差别,但是这种方法也非万能,因此,并不能仅靠恩格尔系数说明它们之间的贫富差异。

宏观经济的晴雨表——GDP

GDP,即国内生产总值,是指在一定时期内(一个季度或一年),一个国家或地区的经济中所生产出的全部最终产品和劳务的价值,常被公认为衡量国家经济状况的最佳指标。它不但可以反映一个国家的经济表现,更可以反映一国的国力与财富。

一般来说,国内生产总值共有四个不同的组成部分,其中包括消费、私人投资、政府支出和净出口额。

美国经济学家萨缪尔森曾经认为 GDP 是 20 世纪最伟大的发明之一。因为 GDP 就像卫星云图一样，能够对国家的整体经济情况做一个大体的描述，这样，政府的决策者才会看清楚经济是需要扩张还是需要紧缩，是在繁荣还是在衰退。如果没有 GDP 的指引，政策制定就会陷入无头苍蝇般的不知所措。

由此可见，GDP 犹如宏观经济的晴雨表，衡量着所有国家与地区的经济表现。在国际社会中，一个国家的 GDP 与该国承担的国际义务、享受的优惠待遇等密切相关。

例如，联合国决定一国的会费时，要根据其"连续 6 年的 GDP 和人均 GDP"，世界银行决定一国所能享受的硬贷款、软贷款等优惠待遇时，也是根据"人均 GDP"。

穷人跟富人的差距在哪里——基尼系数、马太效应

经济学家常常用基尼系数来表示一个国家或者经济体中的个体的收入分配情况，基尼系数越高，表明收入分配分化越严重。按照国际通行标准，基尼系数在 0.2 至 0.3 之间属于比较平均，0.3 至 0.4 之间为差距合理，0.4 至 0.5 之间为差距过大，0.5 以上为差距悬殊。

2000 年以来，我国基尼系数连续几年上升，已在 0.4 的国际警戒线徘徊。不光是我们国家，有经济学家在相关的研究当中指出，贫富差距越来越大的现象已经蔓延全球，成为普遍现象。有读者有疑问了：既然富者越富，穷者越穷，

那身为普通人，还有必要勤奋下去吗？

很多人都看过纪录片《人生七年》，描述了一个赤裸裸的现实，就是那些精英家庭出身的孩子，未来也往往更容易取得更大的成就。而那些中下层阶级的孩子，只能沦落到更为普通的生活中，能够突破阶层桎梏的凤毛麟角。

实际上，这种穷者越穷、富者越富的现象，早在圣经《新约马太福音》中就有寓言，被称为马太效应。

从前，一个国王要出门远行，临行前，交给三个仆人每人一锭银子，吩咐道："你们去做生意，等我回来时，再来见我。"国王回来时，第一个仆人说："主人，你交给我的一锭银子，我已赚了十锭。"于是，国王奖励他十座城邑。第二个仆人报告："主人，你给我的一锭银子，我已赚了五锭。"于是，国王奖励他五座城邑。第三个仆人报告说："主人，你给我的一锭银子，我一直包在手帕里，怕丢失，一直没有拿出来。"

于是，国王命令将第三个仆人的一锭银子赏给第一个仆人，说："凡是少的，就连他所有的，也要夺过来。凡是多的，还要给他，叫他多多益善。"这就是"马太效应"。

马太效应，是指强者愈强、弱者愈弱的现象，这一名词被广泛应用于经济学、社会心理学、教育、金融以及科学领域。马太效应，是社会学家和经济学家们常用的术语，反映的社会现象是两极分化，也就是我们常说的穷者越穷，富者越富。

早在1968年，美国科学史研究专家罗伯特·莫顿就提出了马太效应的术语，当时是为了概括一种社会现象："相对于那些不知名的研究者，声名显赫的科学家通常得到更多的声望。即使他们的成就是相似的，同样地，在一个项目上，声誉通常给予那些已经出名的研究者。"

可以理解为，作为任何个体、群体或者地区，如果在某一方面能够获得成功和进步，那么他就会产生一定的积累优势，从而在这一方面会越做越好，会比其他人有更多的机会获得更大的成功和进步。

经济学家们常常用马太效应反映社会中普遍存在的收入分配不公的现象。比如，公司里，那些高薪领导者的涨薪速度，总是高于低薪者，从而造成薪酬两极分化的现象。再比如，一个人如果获得了成功，那么什么好事都会落到他头上，因为通常这样的人态度积极主动执着，更容易获得物质、精神财富。获得财富后，受到鼓励，他会更加积极主动执着，如此正向循环，他就会走向更大的成功。

反之，那些收入低的人，如果没有一种积极的处事态度和向上的做事热情，就只会消沉下去，恶性循环，处境只会越来越坏。

不光在经济学界，马太效应还被应用在教育问题上。在心理学家 Keith Stanovich 的研究中，他专门研究了那些阅读能力先天不足的孩子，以及那些具有语言障碍的孩子。

Stanovich 的研究结果也可以用马太效应来解释。这位心理学家发现，如果孩子早期能获得很好的阅读能力，那么他们在后来的学习上，就会更加容易成功。如果早期没有获得应有的阅读能力，在后期需要学习新技能新知识时，这些孩子就会显得很困难。

因此，儿童在阅读方面如果比较落后，就更容易在其他方面也和别人拉开差距。那些阅读能力越高的学生，增长知识、认识词汇的速度就越快，从而阅读能力进一步提高，形成了一个良好的向上循环的状态。反之，就是恶性循环。

于是，高阅读能力的儿童，与低阅读能力的儿童，在语文能力、对世界的认识等智能上的表现，差异只会愈来愈大，始终无法修补。因此，好的阅读能力，才是一个孩子成才的真正的起跑线。

这么看起来，我们似乎没有什么努力的动力了。其实不然，条条大路通罗马，是摆在我们普通人面前的机会。要想突破自我，走向成功，我们首先要摆脱掉身上懒惰、缺乏恒心、自卑等的坏习性和心理包袱，向富人学习他们的思维方式和处世态度。

因为我们要看到，富人之所以成为富人，是因为他们身上有很多我们值得学习的品质，比如恒心、比如毅力。要知道，有的富人也不是一开始就是富人的，在他们成功的路上，勤奋本身就是他们的特质，如果我们连这一点都做不到，那失败就是必然的。

哪里的人更富有——恩格尔系数

在经济学上，我们通常会用一些指标来衡量一个人、一个地区或者一个国家的经济发展水平，比如 GDP（国内生产总值）、GNP（国民生产总值）等，这些个指标越大越好。但是有一个指标，却是越低越好，它就是恩格尔系数。

恩格尔系数，是食品支出总额占个人消费支出总额的比重。用公式来表示：恩格尔系数（%）= 食品支出总额 / 家庭或个人消费支出总额 ×100%。

第八章 一国的生活水平,取决于它生产物品与劳务的能力——生产率

1857年,德国统计学家恩格尔根据统计资料,对消费结构的变化得出一个规律,亦即恩格尔定律:一个家庭收入越少,家庭收入中(或总支出中)用来购买食物的支出所占的比例就越大,随着家庭收入的增加,家庭收入中(或总支出中)用来购买食物的支出比例则会下降。

从这个公式就可以看出,我们可以用恩格尔定律来表示居民收入和食品支出之间的相关关系。用食物支出的比例来说明一个经济体的发展趋势,也可以说明增加收入对生活消费的影响程度。通常来讲,食品支出的比例越小,说明这个经济体的生活水平越高。

同理,把恩格尔系数用在国家和地区间,也可以衡量一个国家和地区的相对富裕程度。通常来讲,一个国家和地区越穷,每个国民的平均收入中(或平均支出中),用于购买食物的支出所占比例就越大,随着国家和地区的富裕,这个比例呈下降趋势。

比较通行的国际标准认为,当一个国家和地区平均家庭恩格尔系数大于60%为贫穷;50%~60%为温饱;40%~50%为小康;30%~40%属于相对富裕;20%~30%为富足;20%以下为极其富裕。也就是说,越是富裕的国家和地区,食品的消费看上去似乎越不那么重要了。

不过,恩格尔系数也不一定完全准确,因为它的计算前提没有考虑人们的风俗、习惯等因素,因此,我们在比较两个经济体之间的富裕程度时,有时会得出与我们的预想不一致的结果。

就拿我国广东省和山东省来说,2019年,广东省的居民恩格尔系数为32.3%,而山东省的居民恩格尔系数为26.5%,已达到联合国20%~30%的富足标准。如果按照恩格尔定律来解释这个结果,说明广东人没有山东人富裕。

可是，实际上差距并不明显。

因为广东省是一个餐饮文化非常发达的地区，就拿广州来说，素有"美食天下"之称，人们都有吃宵夜的习惯，在食品上的消费远比其他地区要高。据说中国内地出现的去餐馆吃年夜饭的习惯，就是从"广州带动广东，辐射华南，影响全国"的。

所以，广东的恩格尔系数偏高跟自身的风俗、文化紧密相关，并不能说明广州人没有其他地区的人富裕。换个角度来讲，如果你是一位月入一万元花五千元在吃上面的妥妥的吃货，那么按照恩格尔系数的衡量标准，你真的会比月入五千元花两千元在吃上面的人"穷"！

尽管如此，恩格尔系数仍然是一个非常重要的经济学指标，因为如果我们拉长时间线，大多数经济体还是符合恩格尔定律的。

在大城市中，恩格尔系数高于全国平均水平的很少，除了广州之外，另一个就是成都。

成都的恩格尔系数很有特点，在2017年就达到了34.4%。

广州和成都分别作为一线和二线城市中的新一线城市，恩格尔系数高的一个重要原因，是消费习惯尤其是消费观念的影响。

大家都知道，广州和成都都是美食的天下，居民们花在吃上的时间和金钱都是相当多的，这是人们的消费习惯决定的。就拿广州来说，虽然是一线城市，但是居民的居住压力相对较低，而生活节奏也比北上深要慢一些。成都就更是全国有名的休闲的城市了，消费者的心态相对乐观，所以在吃喝玩乐方面的意愿更加强烈。

这种情况，在国外也有出现。

21世纪经济研究院梳理资料对比中国和美国、日本的历史消费结构数据发现，日本的恩格尔系数从1950年到2012年，从57.4%降到了22.2%左右，2014年后开始上升到2016年达到26%。

恩格尔系数在日本逆势回升，一方面是受消费税增加和食品厂商相继提价等因素影响，另外是人口构成和生活方式发生了变化，包括人口老龄化、单身人口增加、在外就餐人次增加、支出增加等。

你的需求是什么？——马斯洛需求层次理论

上一节我们讲了恩格尔系数，明白了食物支出比重越大，代表越穷。其实用马斯洛需求层次理论也可以解释恩格尔定律，马斯洛认为最底层的需求是最先要满足的，食物就是最底层的需求。当满足过后，就会想到其他新的需求并把注意力向其他方面转移，比如，穿衣打扮、家庭设施改造等。

如果不看数据，仅从直观感受上来讲，我们也能体会到中国这几十年来经济发展的变化，确实遵循了恩格尔定律。比如，新中国成立初期的时候，生产还没有完全恢复，人们只要吃饱穿暖就已经很不容易，这时候食品消费支出在整体支出中的比重相当高。如今，生活富裕了，人们早已经不担心吃饭问题，转而将生活重心转向更为高层次的精神需求，比如教育投资、旅行等，因此，食品消费支出的比重在下降。

统计数据也恰恰证明了这一点：中国是在1978年开始统计恩格尔系数

的，在41年前，我国城镇居民家庭的人均生活费支出311元，恩格尔系数为57.5%；农村居民家庭的人均生活消费支出为116元，恩格尔系数为67.7%。

也就是说，我们在改革开放初期，居民只能满足最基本的温饱问题。大家当时只有一个共同的目标，迎难而上，摆脱贫困，过上吃饱穿暖的生活。

到1996年，我国的恩格尔系数首次低于50%，达到48.8%；在2000年的时候，恩格尔系数又前进了一步，恩格尔系数首次低于40%，达到39.4%；在2017年，我们首次突破30%，2018年全国居民恩格尔系数达到28.4%。仅从恩格尔系数这个角度来审视我国的经济发展，也可以看出，是取得了相当令人瞩目的成就了。

然而人的需求可不仅仅限于基本的生活用品，这些年来，随着物质生活品质的极大提高，越来越多的人们开始追求精神的富足。就像马斯洛说的，人类的需求是分层次的。

马斯洛需求层次理论是亚布拉罕·马斯洛于1943年提出的，其基本内容是将人的需求从低到高依次分为生理需求、安全需求、社交需求、尊重需求和自我实现需求。

按照马斯洛的说法，人类本来天生会有一些基本的需求，和动物的需求差不多。人们只有先满足了较低层次的需求，才会想要追求更高层次的需求。这就是需求层次理论。

马斯洛需要层次理论是人本主义科学的理论之一，其不仅是动机理论，同时也是一种人性论和价值论。

我们可以将马斯洛需求理论应用于企业管理。比如，了解员工的需要是应用需要层次论对员工进行激励的一个重要前提。在不同组织中、不同时期的员工以及组织中不同的员工的需要充满差异性，而且经常变化。因此，管理者应该经常性地用各种方式进行调研，弄清员工未得到满足的需要是什么，然后有针对性地进行激励。

同样，马斯洛需求理论还可以用于市场营销。经济学上，"消费者愿意支付的价格约等于消费者获得的满意度"，也就是说，同样的洗衣粉，满足消费者需求层次越高，消费者能接受的产品定价也越高。市场的竞争，总是越低端越激烈，价格竞争显然是将"需求层次"降到最低，消费者感觉不到其他层次的"满意"，愿意支付的价格当然也低。

第九章

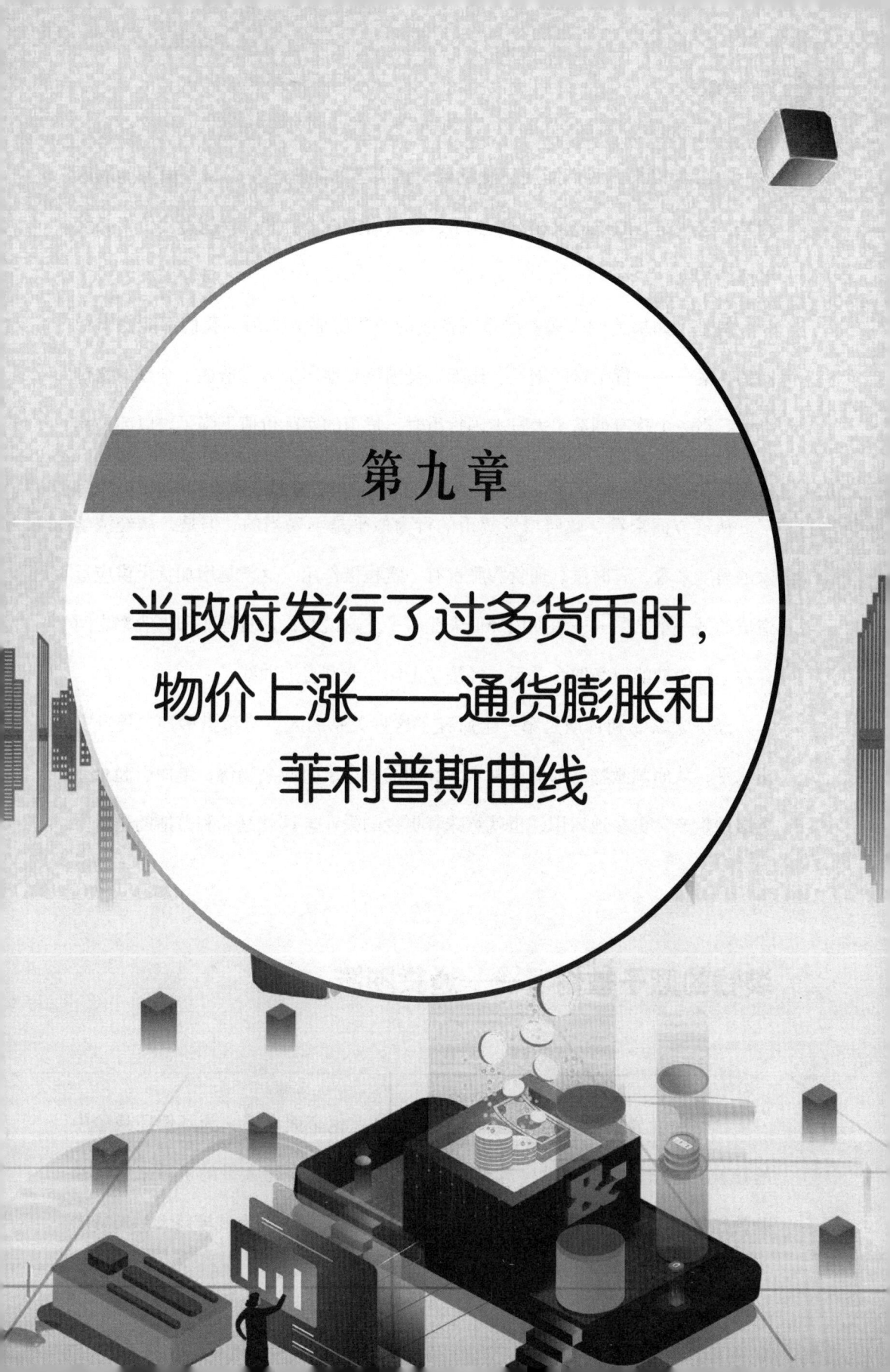

当政府发行了过多货币时，物价上涨——通货膨胀和菲利普斯曲线

2018年以来，我们能明显感觉到，猪肉等商品涨价了。这里面可能的原因是，这些商品的供应量相对减少了，从供需曲线上，我们就能得出价格必然上涨的结论。

但是，如果追问大多数严重或持续的通货膨胀的原因，我们都能得出相同的答案———货币量的增长。比如，美国疯狂地印美元，造成了全球的物价上涨。当一个政府创造了大量本国货币时，货币的实际价值下降了。以前一元钱能买到的东西，可能现在要用更多的两元钱才能买到。

从这方面来看，政府增发货币的行为似乎是不妥当的。但是，从经济学家的角度来看，有时候，通货膨胀也有一定积极作用。这就是增加货币供应量造成的另一个结果———短期内降低失业水平。这说明，通货膨胀和失业率之间存在一种短期的权衡取舍关系，经济学上叫作菲利普斯曲线。

经济学家菲利普斯是第一个研究了这种关系的人。货币量增加，提升支出水平，从而刺激物品与劳务需求。长期的高需求引起高物价，继而引起企业更多地生产，更多地雇用，也就意味着更少的失业。这就是菲利普斯的逻辑。

装钱的篮子被偷了——通货膨胀

第一次世界大战之后，德国战败，经济上也全面崩溃。为了偿还战争中的赔款，德国只好没日没夜地印刷钞票，希望通过发行大量的货币来为巨额赔款筹资。正是这种很无奈的方式，引发了德国历史上一次规模巨大的通货膨

第九章
当政府发行了过多货币时，物价上涨——通货膨胀和菲利普斯曲线

胀。这个速度，堪比火箭。

1922年1月到1924年12月，短短两年时间，德国的货币和物价一直在以惊人的比率上升。我们可以从一张报纸的价格变化来看这种速度：每份报纸的价格从1921年1月的0.3马克上升到1922年5月的1马克，1922年10月的8马克，1923年2月的100马克，直到1923年9月的1000马克，再到1923年10月1日的2000马克，同年10月15日的12万马克，10月29日的100万马克，11月29日的500万马克，再到11月17日的7000万马克。

一张报纸从最开始的0.3马克涨到7000万马克。伴随着货币的贬值，德国进入了超速通货膨胀。这就是为什么第一次世界大战后，在德国人群中，流传着这样一个有趣的笑话。

有一个小偷来到一户人家偷东西，发现一个篮子里装满了钱。小偷拿起篮子端详了一会儿，就把钱倒出来，把篮子拿走了。

小偷为什么不要钱，而是要那个篮子呢？原来，一战后的德国，通货膨胀严重，货币贬值到相当厉害的程度，也就是说钱变得不值钱了。小偷在将钱和篮子做了一个比较后，认为篮子比那些钱还要值钱，于是拿走了篮子。

通货膨胀指在纸币流通条件下，因货币供给大于货币实际需求，也即现实购买力大于产出供给，导致货币贬值，而引起的一段时间内物价持续而普遍地上涨现象。其实质是社会总需求大于社会总供给，即供远小于求。

来看看津巴布韦的情况。

津巴布韦的通货膨胀情况十分严重，在这样的情况下，2009年2月，津巴布韦的中央银行行长，宣布了一项重要的决定，把钞票上的零去掉12个，也就是说，一亿元的钞票，变成一元。可见津巴布韦之前疯狂发行了多少钞

票，超过了实际的货币量一亿倍！

有关纸币发行量会超过实际需要的货币量问题，经济学家表示，外贸顺差和投资过热都可能导致这一问题的发生。

先来看看外贸顺差的情况。对于一家外贸企业来说，通过出口商品换到的美元，上交到中央银行，然后，政府再将本国货币还给企业。这一来一去，意味着企业挣了多少外汇，政府就得印多少货币给他们。如果出现贸易顺差，也就是出口多于进口，那么国内的货币印刷量肯定是多出来的，也就造成了通货膨胀。

通货膨胀通常是由经济运行总层面中出现的问题引起的，其实质就是社会总需求大于社会总供给。因而，投资过热也可能导致通货膨胀。许多发展中国家的政府为了达到投资拉动经济的目的，在基础设施建设的投入上都会加大投入力度。于是，加印更多纸币的可能性就增大。

另外，在我们的现实生活当中，还存在一些隐形的通货膨胀。所谓的隐蔽通货膨胀就是指社会经济中存在着通货膨胀的压力或潜在的价格上升危机，由于政府的严格控制，使通货膨胀没有真正发生。而一旦政府放松管理，通货膨胀会随机发生。

这种情况下，人们会为自己手上的钱担忧，因为钱越来越不值钱了。普通老百姓也越来越感到通货膨胀带来的压力。但是，要抑制通货膨胀，主要还是依靠政府的宏观经济政策，比如通过调节贷款利率、货币政策等来实现。

猪肉涨价和贷款买房的关系——通货膨胀

从 2019 年 3 月起，猪肉的价格一度上涨，到了 7 月份，猪肉的价格已经涨了二十多个百分点。当时商务部的消息称，猪肉的批发价格都已一度突破 30 元。超市里猪肉的价格早就突破 30 元每斤，而且丝毫没有下降的趋势。

猪肉价格确实是观察宏观经济的一个重要指标，猪肉是我国居民食用的最主要的肉制品。2019 年，猪肉价格权重占 CPI（居民消费价格指数）的 2.19%，"CPI 看猪"是观察物价走势的一个基本规律，猪价上涨通常预示着物价上涨，但并不是通货膨胀的唯一评断依据。

在 2019 年这个年份，相对于猪肉的产量来讲，人们对猪肉的需求远远超过了猪肉的供应量，所以猪肉便涨价了。但是只有猪肉涨价并不能判定就是通货膨胀了。

只有当一个经济体中的大多数商品或劳务的价格，在一段时间内以不同的形式上涨，才能称之为正在经历着通货膨胀。如果仅仅是猪肉的价格上涨，还称不上通货膨胀。

数据显示，我国进入 2010 年以来，通货膨胀率逐渐提高，2019 年 10 月份的 CPI 上涨率达到了 4.4%，引起了国内外的重视。国家已经针对这一轮通货膨胀推出了相关政策，包括央行在 10 天内连续两次提高法定存款准备金率，对企业减税以刺激供给等。

对于我们个人来讲，其实通货膨胀并不是那么可怕，价格的变动是常见的经济现象，是市场机制作用的表现。适当的通货膨胀还能够刺激消费，对经济的发展反而有好处。

既然通货膨胀是个不可避免的现象，那我们应该如何管理我们的财产，才能跑赢通货膨胀，不让我们手中的钱变毛呢？以下几点建议仅供参考，说白了，不要把鸡蛋放在一个篮子里，这绝对是个硬道理。

专家给普通人开出了两个方法，一是购买理财产品，因为银行存款利率太低，国债周期又太长，选择一些高收益的理财产品，让自己手中的现金流去赚钱。二是贷款买房子，因为通货膨胀的情况下，同样金额的贷款，比起没有通货膨胀之前，显得便宜多了。

通货膨胀可能表现在物价的上涨、工资的上涨以及银行利率的上涨等。但是，这些机构的上涨比例并不是平均分配的。比如，如果你的工资上涨跟不上通货膨胀的速度，你的购买力就是下降的。而运用在房地产市场上，如果你用5%的固定利率借钱买房子，而通货膨胀率上涨了10%的话，你就赚到了。

为此，我们可以从直观的想象去理解这件事。比如，你现在从银行贷款100万元买房，25年以后，一百万元的购买力可能不到现在的三分之一。

也许，买房也不是个好办法，万一房子的价格下跌了呢？总之，不要让自己手里存有过多现金。踏踏实实做一份稳定的工作，完善好自己的技能。这样，就算是通货膨胀了，我们依然可以依靠自己的技能养活自己。

从福特到里根,看美国史上的经济衰退——停滞性通货膨胀

通货膨胀如果慢性长期发展,会造成物价上升、经济停滞和高失业率同时存在的死气沉沉的经济现象,称之为停滞性通货膨胀,简称滞胀,亦称萧条膨胀或膨胀衰退,这是一种很难治理的经济顽症。就是说,一方面大家都没有钱赚,另一方面物价还居高不下,这就相当于人们的购买力从两头都得到了削弱。

先来看看在 1974 年间,福特总统就位时,美国的滞胀现象就已经出现。福特总统一上台,就宣布通货膨胀是美国经济的头号敌人。而失业率在当时也是居高不下,9 个月内就上涨了 9%。当时的美联储,采取的宏观经济政策一会儿紧一会儿松,却丝毫不能改变"高失业、高通胀"的双高局面。

到了 1977 年,卡特总统上台之后,只好采取更多的措施来降低失业率,于是财政政策和货币政策纷纷上阵。结果,情况更为严峻了。通货膨胀率仅在 1979 年第四季度就上涨了 12.7%,而当年的黄金和石油价格也迅猛上升,而美元却在不断贬值,经济增长速度只有 1%。这种情况下,公众对美联储失去了信心,共和党也在这时候上了台。

里根总统上台之后,曾经用降低税率的方式来刺激经济发展,他在当时做的,可不仅仅如此。在 1981 年里根刚刚上台时,美国经济是一个烂摊子,

高通货膨胀率和高失业率并存，经济一度衰退。

当时里根政府找到了滞胀的原因，并不是国际经济危机的连锁反应，而是把关注点聚焦到政府本身的职能上面。于是，里根政府推出了以货币主义和供给学派为理论基础的"里根方案"，并且拟订了一份《经济复兴计划》，主要包括三方面的内容。

一是在宏观经济政策领域，加强货币管制，降低税率，压缩政府开支，减少财政赤字。在加强货币管制方面，要求美联储实施紧缩的货币政策。在减税方面，主要是降低个人所得税和企业税的税率，重点是削减个人非劳动收入的税率。

二是在社会福利政策方面"开倒车"，推行"逆向改革"，提出大幅度削减政府社会福利开支的主张。削减的内容涉及社会福利支出的约有两百个项目，如食品券、失业保障、新生儿家庭补贴、医疗保健、学生营养补贴、住房补贴、失业者培训等。

三是在政府管制方面加大力度继续推行自20世纪70年代开始的放松管制改革。其中撤销、放宽了包括能源、环境污染控制、生产安全管制、技术标准管制、企业购并、反垄断等方面的政府管制；把一部分管制权由联邦政府下放给州政府和地方政府；取消了民主党政府对工资和物价所实行的管制；1980年和1982年国会颁布新的银行法案，放宽对金融市场的利率管制。

"里根经济学"的这一套政策首先在降低通货膨胀率和失业率方面取得了明显的效果：消费物价指数在1983年以后大幅度回落，1986年—1989年下降到3%~4%。同时，经济增长方面，1984年GNP增长高达6.8%，为战

第九章
当政府发行了过多货币时，物价上涨——通货膨胀和菲利普斯曲线

后之最。失业率1983年以后连续下降，从9.6%下降到1989年的5.3%，为1973年以来最低。美国经济摆脱了"滞胀"，并为后几届政府带来"政策红利"。

从美国的例子可以看出，一个国家如果陷入滞胀的状态，是很难通过一项单一的经济政策就能治理好的。比如，如果采取紧缩的货币政策，提高利率，那么企业的生产成本就会增加，运营更加困难，又会导致因为不景气而裁员，工人失业。如果单方面采取扩张的货币政策，降低利率，则可能引发更加严重的通货膨胀，不但不能解决失业问题，反而会导致资产类价格暴涨。

退一步说，就算是经过治理，走出了滞胀的可怕境地，也可能留下很多不好的后遗症。就拿美国来说，里根上台之后，联合美联储，采取了一边收紧货币，一边放松财政的政策。这一举措的后遗症是，美国的财政赤字大幅增加，从1980年里根上台前的596亿美元，增长到1982年的1279亿美元，到1992年，财政赤字已经增加到2400亿美元，十分严重。

为了维持这么庞大的财政赤字，美国不得不发行国债，当时日本乘虚而入，进入美国的金融市场，买走了大批国债。结果是，美国虽然走出了经济滞胀的阴影，但是却也种下了财政赤字和国际收支逆差的双重问题，至今也没能完美解决。

另外，在里根时期，虽然美国的经济得到了提升，但是民众的公平并没有得到很好的协调。就拿大多数中产阶级来说，生活水平普遍下降，当时社会上只有5%左右的上层社会的收入上升了。

如果你发现最近物价上涨了，先别急着担忧——通货膨胀与失业的权衡取舍

通货膨胀是经济发展过程中无法避免的问题，带来的影响有物价上涨，生产成本上涨，储蓄下降，货币贬值，经济风险加大。通货膨胀与失业是一对相爱相恨的欢喜冤家。

2018年通货膨胀一大奇观就是结合区块链发石油币的委内瑞拉，根据国际货币基金组织（IMF）最新数据，到2020年年底，委内瑞拉的通货膨胀率将达到1000000%。结果就是"我们都是百万富翁，但我们都很穷。工资只买得起一公斤肉"。

存在问题那么就要解决问题，在通货膨胀与失业之间需要权衡取舍，那么就有以下的关键点需要了解，那就是菲利普斯曲线。1958年，菲利普斯根据英国在1861年到1913年的数据进行了分析，对失业率和货币工资变动率的关系进行了比较，发现了两者之间的关系曲线。菲利普斯的数据可以说明失业率与通货膨胀率之间的交替关系。如果失业率高，则表示经济处于萧条阶段，这时候的工资和物价水平都相对较低，所以通货膨胀率也较低。如果失业率降低，说明经济形势向好，那么工资和物价水平也都升高，从而通货膨胀率也就高。也就是说，失业率和通货膨胀率之间存在着反向的关系。这就是菲利普斯曲线。

第九章
当政府发行了过多货币时，物价上涨——通货膨胀和菲利普斯曲线

也就是说，当你意识到通货膨胀的时候，先不要惊慌，也许是件好事情，至少你还有工作能做，能够养活自己。而经济学家在研究了菲利普斯曲线之后，也得出了相应的结论，认为短期的通货膨胀有助于刺激经济的发展。

当初，菲利普斯研究这个关系，可不是为了进行学术研究，而是为了回击别人对他的博士论文的批评。所以当这个结果出来之后，他并没有进一步找出理论上的解释。后来，他的同事理查德·利普西继续了这项工作。

利普西认为，失业率与劳动力市场上过度需求的程度呈负相关的关系（对劳动力的需求越多，就业机会越多，失业率越低），劳动力市场上过度需求的程度又和名义工资上升率呈正相关的关系，所以，可以推出失业率和名义工资上升率也呈负相关的关系。利普西严格地从微观的劳动力市场的角度解释菲利普斯曲线，从这一点来说，也许他在宣传菲利普斯曲线的众多学者中是最有贡献的。

无心插柳柳成荫。让菲利普斯没想到的是，萨缪尔森和索洛也没有放过他的这项研究。1960年，两人在《美国经济评论》上发表了一篇《关于反通货膨胀政策的分析》，还将菲利普斯的结论起了个好听的名字，就是后来我们耳熟能详的"菲利普斯曲线"。不同的是，这两位经济学家用美国的数据替换了英国的数据，并且用物价上涨率代替了名义工资增长率，也得出了短期内通货膨胀率和失业率之间的关系。

有了菲利普斯曲线，新古典综合学派就可以方便地开出宏观经济政策的药方：要想降低失业率，不妨提高通货膨胀率，为了治理通货膨胀，难免在失

业上做出牺牲。有了这两位大师的推重，菲利普斯曲线从此就被绣上了新古典综合派的旗帜，写进了新古典综合派的宪章。

但是，需要指出的是，菲利普斯曲线并不总是成立，只是经济学意义上的短期之内的现象。放到一个长期的历史时期来观察，单纯的货币政策并不是最好的选择。

第十章

职场、婚恋和理财——经济学应用

学习了那么多经济学原理，正经用在我们的工作和生活中才是最重要的。沉没成本让我们学会了舍得和放弃，激励让我们学会了笑对人生，而供需法则让我们学会了商品的价值和价格，边际效用递减规律让我们懂得维护一段关系的重要性。

在婚姻生活中，在一段恋爱关系中，或者在职场上，我们都可以尽情利用这些法则，为生活增添一丝光彩，为职业生涯增添前进的力量。

懂得运用经济学的人，更加有智慧，对待身边的人、事、物也更加从容。经济学虽然不会帮你赚钱，但是会帮助你理清人际关系，理解经济现象，还能增加你的财商。

办公室里的帕累托最优现象——二八法则

美国有个企业家叫威廉·穆尔，年轻时在一家叫格利登的公司做销售卖油漆。第一个月，他挣了160美元，并不满意。为此，他研究了犹太人经商的"二八法则"，又运用在自己身上。经过研究他发现，其实他挣到的80%的钱，都来自他20%的客户那里。但是之前，他把很多精力放在所有的客户上，这就是他过去失败的原因。

掌握了"二八法则"之后，他把自己手上的最不活跃的36个客户分给了其他的人，而自己只集中精力攻克剩下的那些有潜力的客户。如此一来，他每月挣到的钱很快就突破了1000美元。正是因为一直坚持"二八法则"，这让他的生意越做越大，终于在后来成为穆尔油漆公司的董事长。

威廉·穆尔就是巧妙运用了"二八法则"，才成就了一番事业。

"二八法则"是著名的经济学经典理论之一，又叫80/20原理，是20世纪初意大利统计学家、经济学家维尔弗莱多·帕累托提出的，他指出：在任何特定群体中，重要的因子通常只占少数，而不重要的因子则占多数，因此只要能控制具有重要性的少数因子即能控制全局。

这个原理经过多年的演化，已变成当今管理学界所熟知的"二八法则"——即80%的公司的利润来自20%的重要客户，其余20%的利润则来自80%的普通客户，而20%的员工创造80%的财富。

"二八法则"同样适用于职场。在职场，总有一些爱偷懒的人，他们工作起来推三阻四，要不就是为自己的行为寻找各种借口。总之，看到别人埋头苦干，自己偷个懒也能拿到工资，很是沾沾自喜，以为自己占到了便宜。还有一些人，看上去很努力地工作，可是你真要问他在忙什么，做出什么成绩来了，他又回答不上来。还有一些人，有一天突然醒悟，认为自己需要努力改变现状，突破自己了。结果刚实践了没有两天，就又混到一帮碌碌无为的人群里了。

只有少数一部分人，他们把公司的前程当作自己的前程，把在做的工作当作自己的事业。他们兢兢业业，工作能力出众，因而成为职场的焦点，老板重用的对象。

这就是办公室里的"二八法则"。那些偷懒的人、假装努力的人、碌碌无为的人，就是办公室里的"八分子"，而少数能力强、干劲足的人，成为办公室的"二分子"。他们最终受到领导重用，或者更加完善自己，从而实现自己的理想。

"二八法则"的重心是告诉管理者经营公司时要抓关键，不能"眉毛胡子一把抓"，要抓关键人员，关键项目，关键岗位，关键环节。

对于我们普通人来说，大部分都是 80% 中的一员。我们的生活，就是上班和休闲，不是在上班的路上，就是在网络世界里消遣，习惯得过且过，离不开舒适区。80% 的人，都是为了一份过得去的工资，做着不太喜欢的工作，偶尔想提升自己，又为自己找各种理由，被其他的 80% 的那部分人同化掉了。庸庸碌碌下去，似乎是一种常态。

再来看看那 20% 的人在做什么呢？在工作中，他们可能是工作最积极最有创造性的那个，他们不需要考勤，但是他们的工作时间却是最长的。他们对工作的追求不是完成就好，而是追求完美。工作对他们来说，是一份事业，是一种挑战，是一份值得奋斗的有价值的东西。他们能从工作中找到乐趣，找到自己的精神寄托。

如果我们不能做办公室里的那些"二分子"，那至少应该在生活中注重实用"二八法则"，也同样会带来意想不到的改变，时间久了，你会发现，你正在向"二分子"转变。

比如，我们常常抱怨时间紧张，那么，可以准备一个笔记本，写下一天你需要做的事情。假设有 1~10 件事情，做一下排序，按照事项中哪些是非常重要的，把它列为第一件必须完成的事情。然后依据重要性进行排列，把最重要的事情排成一、二、三事项。

你会发现，其实很多不重要的事情，占用了你太多时间，而且这些事情没有什么贡献，对你的生活或者工作改进起不到帮助，应该把它剔除。你只需要做好这些 20% 的重要的、真正影响到你工作效果和生活质量的事情，你就会提升工作效率，从而心情愉快，每天上班能量满满。而且你还有闲余时间用来休息、充电、照顾家庭等。

毕竟进入 20% 的，是少数人，我们多数人只有加倍努力，才有可能赶上他们。那么，如何在一个相对较短的时间内，就成为那"二分子"中的佼佼者呢？多学几项技能，让自己在单位的岗位中无可替代，才是上上策。

附：世界上著名的《二八定律》：

20% 的人明天的事今天做，80% 的人今天的事情明天做；

20% 的人用脖子以上赚钱，80% 的人用脖子以下赚钱；

20% 的人在问题中找答案，80% 的人在答案中找问题；

20% 的人永远赞美、鼓励，80% 的人永远谩骂、批评；

20% 的人受成功的人影响，80% 的人受失败的人影响；

20% 的人思考"如何能办到"，80% 的人认为"不可能办到"；

20% 的人相信自己会成功，80% 的人不愿改变现状；

20% 的人尊重客观规律，80% 的人自以为是做事；

20% 的人放手去做，80% 的人嘴上说说；

20% 的人正面思考，80% 的人负面思考；

20% 的人重视经验，80% 的人重视学历；

20% 的人总是坚持，80% 的人善于放弃；

20% 的人面对困难，80% 的人逃避现实；

20% 的人把握机会，80% 的人逃避现实；

20% 的人放眼长远，80% 的人只顾眼前

……

为什么迟到一分钟就要受罚——破窗效应

有一家小的创业公司,规定上班迟到一分钟者,扣除当月奖金的一半,迟到两分钟,则全部扣除。起初大家都很警惕,生怕自己的奖金被扣。有一次,一个平时非常敬业的员工迟到了,大家都等着看他的奖金被扣。结果,领导看在他平时很努力的份儿上,没有扣他的奖金。

因为这次没有严格执行规定,几个月后,迟到的员工从最初的一个两个,发展到两成、三成,抱着反正迟到一点儿也不会受到惩罚的态度。更为严重的是,该公司的其他奖惩规定,也没有很好地实行,因为员工觉得这些规定实际上是纸上谈兵,可有可无。长此以往,这家公司的员工士气锐减,工作氛围松散。

这家公司的管理漏洞,产生于经济学的一个重要理论——破窗效应。1969年,美国斯坦福大学的心理学教授菲利普·津巴多进行了一项实验,他找来两辆一模一样的汽车,他把其中一辆停在治安比较好的中产阶级街区,而把另一辆停在相对杂乱的纽约布朗克斯街区。

后一辆车,他把车牌摘掉,把车顶棚打开,结果,车子在当天就被偷走。而放在中产阶级街区的那辆,放了一个星期也没有人理睬。后来,这位教授又找来一把锤子,将车窗玻璃砸了两个大洞,结果,短短几个小时时间,那辆车也被偷走了。

第十章
职场、婚恋和理财——经济学应用

以这项实验为基础,政治学家威尔逊和犯罪学家凯琳提出了一个"破窗效应"理论,认为:如果有人打坏了一幢建筑物的窗户玻璃,而这扇窗户又得不到及时的维修,别人就可能受到某些示范性的纵容,去打烂更多的窗户。久而久之,这些破窗户就给人造成一种无序的感觉,结果在这种公众麻木不仁的氛围中,犯罪就会滋生、猖獗。

从表面上看,虽然是一扇窗户被打破了,可是,长久来看,如果不及时进行修补,我们将损失整个街区的秩序和和平环境。

破窗效应在我们日常生活中常常可以见到。比方说,当我们在大街上或者在景区,看到满地都是瓜子皮或者别人吃剩下的空瓶子空袋子,那么多数人在自己吃完这些东西之后,也会效仿,将自己造出来的垃圾也这样就扔在这里。有点破罐子破摔的意思。路上的噪声、墙上的笔迹、地上的痰迹就这样越来越多,我们离优雅、文明、公德就这样越来越远。

再比如,假如你去两位朋友家做客,其中一个朋友家非常干净,地板上一尘不染。那你一定会非常小心,就怕给人家弄脏。如果另外一个朋友家里本来就乱糟糟的,那你也会比较放松,抽个烟都不带用烟灰缸的,随手一扔。

我们的很多行为都是受环境影响的,却很少反省自己的言行举止。我们常常抱怨这个社会怎么怎么样,但是没有意识到是我们自己的心灵早已受到了污染,不自觉地成为社会上的一扇"破窗"。

我们不仅不能做第N次打破窗户的人,我们还要努力做修复"第一扇窗户"的人。即使是当我们无法选择环境,甚至无力去改变环境时,我们还可以努力,那就是使自己不要成为一扇"破窗"。

高收入者的薪水比普通人涨得更快——马太效应

罗伯特·弗兰克在其著作《牛奶可乐经济学》中曾经提到：第二次世界大战后，高收入者的收入越来越高，而收入阶梯低层的人则没有太大的进步。当前，中等收入者的实际购买力与1975年的情况相比并无太大差异；但1%的收入最高的人，其收入却比1975年翻了三番，而且收入越高的人，其收入增幅也越大。以美国大企业的CEO为例，在20世纪80年代，他们的薪资比普通工人只高42倍，然而在今天，却高了500倍。

为什么薪资待遇的增长速度会有这么大的差别？为什么收入的差距在不断地被拉大呢？经济学中的"马太效应"能够给我们一些启示。

"马太效应"是美国科学史研究者罗伯特·莫顿在1968年提出的，本是用于概括"人们愿意帮助声名显赫的强者"的一种社会心理现象，它描述了贫者越贫、富者越富、赢家通吃的社会现象。

老子在《道德经》中说："天之道，损有余而补不足。人之道，则不然，损不足以奉有余。"这就是"马太效应"的一个反映。此类现象屡见不鲜，比如，在股市、楼市狂潮中，庄家总是最赚的，散户总是最赔的；富人有资本，资本越多，钱越好赚，穷人没有资本，缺少赚钱的机会；富人有钱，能够享受到更好的教育和发展机会，而穷人由于贫穷，个人对知识技能的掌握会受到较大的局限。

在这样的情况下，富者越来越富，穷者越来越穷，贫富差距越来越大。在职场中也是同样的道理，工作表现好的人，能够得到好的发展机遇和高薪水；有了好的发展机遇，能够接触到更多的人和事，就自然会有更大的机遇在后面等待；有了高薪水，就有钱让自己进修，从而结识更多的、更高层次的人，自然就能让自己的事业更上一层楼。这就是为什么职场中，高收入者的薪水比普通人涨得更快，高职位的人比普通人晋升更容易的道理。

在职场，一定要抱着积极向上的心态，从一开始就要想方设法地成功。因为，马太效应告诉我们，只有让自己变得更加强大，你的资源和机会才会滚滚而来。任何个人和群体都是一样，只有在某个方面获得成功和进步，慢慢地积累起来，长此以往就会产生积累优势，从而可以获得更多的机会去追求更大的成功和进步。

如何追到美女——博弈论、契约关系

看过电影《美丽心灵》的朋友，一定知道纳什是个多么了不起的经济学家。他和朋友逛一趟酒吧，就能解锁一个漂亮的博弈。故事是这样的：

在酒吧里，有一群女孩子，但其中只有一位相貌出众。这时候，在一旁跃跃欲试的男孩子们，谁都想和这个美丽的女孩子搭讪跳舞，大家一窝蜂涌上去，结果都被美女拒绝了。这时候，如果他们去转而追求那些个普通的女孩子，其结果必然是被拒绝。因为其他的女孩子谁都不愿意当备胎。这样忙活下来，这群男孩子谁都找不到女伴儿。

但是，纳什的主意是什么呢？先让这帮男孩子避开美女，去追那些长相普通的女孩子，成功的概率就大了很多。这时候，反而没有人去追漂亮的那位了，女神就变成了剩女，这时候再去追女神，胜算就大多了。

虽然这个观察有一定局限性，但是也从另一面反映了当今越来越普遍的"剩女"现象。用经济学来解释，婚姻、爱情、家、安全感等因素，相对于女性的自由、独立、娱乐、事业等，已经不能使女性获得效益的最大化了。在婚姻之外，女性有更多可替代的选择让自己收获更大的收益，因此，婚姻对女性来说，已经不是必需品了。而且，越优秀的女性，对婚姻的可替代性就越高，也因此更容易"剩"下来。

诺贝尔经济学奖得主、芝加哥大学的加里·贝克尔教授，开拓了人力资本、家庭经济学等经济学研究新领域，被誉为20世纪后半叶最伟大的社会科学家。他在《家庭论》一书中，对婚姻的经济学意义有深刻的讨论。

加里·贝克尔指出，婚姻带来的效用有很多方面，从经济规模（两人搭伙过日子更便宜），到性别分工（双方能力和赚钱家务活的比较优势互补）到公共产品例如孩子的消费性（例如看着孩子就开心）和投资性（例如未来养老）等。

远古的农业社会里更需要劳动密集型的生产，于是男性专门打猎觅食保护家人，女性专心养育下一代，那时两性对于婚姻家庭的投入和需求都相对一元化。

然而，在当代，女性的受教育程度和工作能力都较以前有了质的飞跃，能和男性一样拥有自己的事业，赚钱养活自己已经不是什么难事，传统的依靠男人赚钱养家的婚姻模式,在很大程度上没有啥吸引力了。所以女性在婚姻市场的要求高起来,供给下降,越来越多的女孩子不想进入婚姻。如果这时候男性还不能反省,不懂得调整在婚姻中的定位,那么市场的不平衡就会出现。

很多经济学研究也告诉我们,因为经济地位和社会地位的提高,西方世界的两性互动模式也发生了改变,那些接受过高等教育的女性,结婚的可能性其实更高,只不过她们结婚的年龄都往后推迟了。而且,相比于没接受过大学教育的女性,那些拥有大学学位的女性,结婚后的情况更为稳定,离婚率低,幸福感更强。

也就是说,剩女不一定是不结婚,而是没有等到合适的时间和对象。而一旦进入婚姻殿堂,往往这批人的婚姻质量会出奇的好。所以,还在单身的朋友,也不要太过于纠结自己的状态,毕竟遇上一个对味的,才是最重要的。

所以,请相信自己,请多一份勇气。这世界上还有成千上万男性和女性,愿意去思考探索追求自己的幸福,愿意对不合理的说法说不。婚恋市场在从传统到现代的过渡过程中,总有那些身先士卒者,在这个动态平衡的过程中,发出自己不一样的声音,争取自己最终的幸福。那些高学历、高颜值、高薪酬的女神,总归有一天会找到最适合自己的人。

婚姻的本质是一种契约关系:对于经济学家而言,家庭能作为一种社会机构保持下来,表明了它必然具有重要的经济化效能。而家庭制度的核心是婚姻,婚姻关系在本质上是一种契约关系。

在传统的婚姻里,双方按照契约进行劳务分工,以此来获得专业化的收益,即所谓的男主外,女主内。而孩子,是婚姻结出的成果。抚养孩子(特别是在他们的幼年)需要花费传统中母亲一方的大量时间,而且一位忙于抚养孩子的妇女就不会有时间在市场上工作以赚取她补充投入(食品、衣物等)所需的钱。所以,她在家中工作以"换得"丈夫在市场上工作,他"购买"她对他们共同的孩子的照顾。

当然,这种说法已经不能解释当代婚姻中的两性关系了。在经济学家看来,当代的婚姻,更像是一种合作关系,好的夫妻关系,双方的博弈必然达成双赢的结果。如果其中一方,不能在这场博弈中获得效用的满足,这段关系就可能发生动摇。随着女性经济和社会地位的提高,女性独立性的提高,传统的婚姻制度已经无法约束当代女性追求自由的脚步了。

嫁给一个你爱的人到底值不值——消费者剩余

从前有一首歌很流行,是这么唱的:"爱我的人对我痴心不悔,我却为我爱的人甘心一生伤悲;爱我的人为我付出一切,我却为我爱的人流泪狂乱心碎。"

找一个爱我的人还是我爱的人?尘世中的男男女女总有不同的答案。关于这个问题,某婚恋网站曾经展开一项调查,结果发现,选择爱我的人结婚的支持率比选择我爱的人结婚的支持率高出一倍。

将近三分之二的人选择找爱我的人结婚,这些人认为,找到一个自己爱的人很容易,但他如果不爱我,那么自己就会太累,如果是这样的话,还不如找一个爱我的人结婚。再者,天长日久了,没准自己还能爱上对方呢。

第十章
职场、婚恋和理财——经济学应用

那些坚持找我爱的人结婚的人虽然占少数，但是他们的理由基本一致且坚定。他们坚定相信真爱，如果找不到真爱，就宁愿孤独一生。同时，这些人也觉得，能够为心爱的人付出，本身也是一种幸福。如果对方感受到了的话，也会爱上自己的，即使不会爱上自己，自己也会为心爱的人付出，这也是心甘情愿的幸福。

恋爱本身就像一场博弈，双方都要为对方付出，有的是一方付出得多，另一方付出得少。有的是双方付出的差不多，有的则是一方在付出，另一方不付出。找一个爱我的人，就意味着自己为对方付出得少，找一个我爱的人，就意味着自己为对方付出得多。

这种选择本身就类似于一个经济学现象，叫消费者剩余。消费者剩余是个经济学概念，比如一件东西，你原本愿意用10元钱买它，但它居然只卖8元，那么你就得到了2元钱的消费者剩余。而作为卖方，他可能只卖5元就有利可图了，但你居然出了8元买下，他也得到了3元的生产者剩余。

做生意常需讨价还价，目的就是要把对方的剩余压到最低，从而使自己的剩余最大化。因为人是理性的，但凡能成交的生意，买卖双方都会或多或少地获得这种剩余，否则一般情况下就无法达成交易。

爱情当然不是交易，但是在一段关系中，包含着类似的"恋爱者剩余"。两个人相恋，会使双方的效用都得到提升。这一额外的利益，在两人之间是如何分配的，是否存在一种分配规则呢？

如果非要计算的话，谁爱对方深一些，谁就会愿意多付出一些，从而使对方得到更多的消费者剩余。这就是大部分人们选择的，要找个"爱我的人"结婚。与"爱我的人"结婚，是为了得到他（她）无微不至的关爱和照顾，也就是尽可能多地占有爱情的"消费者剩余"。

相爱的人常会问：我们之间，谁爱谁多一点？这本身就是一个很难回答的问题，需要用"若将你心换我心，始知相忆深"这样超浪漫主义的诗句来应对。即使爱对方的程度可以测量和对比，那么，到底是爱多一点的人幸福，还是被爱多一点的人幸福呢？

爱情最是说不清道不明的东西，就算是再精明的人，也未必能参透爱情的奥秘。一段婚姻如果能维持五十年，并不比维持五十年企业长青更加容易。

实际上，经历过时间，爱情就会变淡。所以，常常有人提出一些主意，想为爱情提供保鲜剂，为婚姻不时制造一些惊喜和浪漫。其实，这就是一种制造消费者剩余的互动。因为当两个人的关系稳定下来之后，生活会越来越平淡，初恋时那种剩余的互动就渐渐消失了。爱情逐渐演变成亲情，温馨但是也会有不甘。所以，爱情的深度，在于两个人之间，还有没有消费者剩余。所谓的经营婚姻，经营爱情，实际上就是经营消费者剩余。

同样，一段婚姻，一段恋爱关系，同样需要经营，经营获得的幸福感，给双方都增添了愉悦，这就是消费者剩余。消费者剩余越多，双方的关系就越亲密，保鲜的时间就越长久。

帅哥的责任——投资组合

这个外国小故事其实是一个非常有趣的话题。

第十章
职场、婚恋和理财——经济学应用

一名警察晚上到一家酒吧去办案,他把车停在这家臭名昭著的酒吧门口,准备在门口等待着逮捕那些醉酒驾车的小混混。

突然,他发现一名长得非常帅气但是却醉醺醺的男人走了出来,他看到那个帅哥慢吞吞地走到汽车旁,行动迟缓地发动汽车。而警察的注意力完全被这名帅哥吸引了,完全没有注意到从酒吧里出来的一拨又一拨的人。

可是过了很久,一直等到停车场的汽车都走完了,那名帅哥还是没能把汽车发动起来。警察这下子火了,他觉得这个人肯定是喝醉了酒的。他立马跑到他的汽车旁,把他揪了出来,让他进行酒精测试,但是结果让人大吃一惊。

这名帅哥的酒精含量为零。

警察感到很困惑,他问那个男人为什么要这么做。

帅哥说,"我今天的责任是负责吸引警察"。

虽然这是个小故事,但里面蕴含了一个经济学道理,正因为那个帅哥懂得"投资组合",才能让他的同伴顺利摆脱警察。

投资组合是由投资人或金融机构所持有的股票、债券、衍生金融产品等组成的集合。投资组合的目的在于分散风险。投资者把资金按一定比例分别投资于不同种类的有价证券或同一种类有价证券的多个品种上,这种分散的投资方式就是投资组合。通过投资组合可以分散风险,即"不能把鸡蛋放在一个篮子里",这是证券投资基金成立的意义之一。

基金投资组合有两个层次:第一个层次是在股票、债券和现金等各类资产之间的组合,即如何在不同的资产当中进行比例分配。第二个层次是债券的组合与股票的组合,即在同一个资产等级中选择哪几个品种的债券和哪几个品种的股票以及各自的权重是多少。

作为个人，为了长远的经济规划，早日实现财务自由，我们也应该从年轻时起就注重理财，把自己的个人账户分成模块，每一个模块都有自身的用途。有了投资组合，才好对抗外来的和未来的不确定性风险。

一般来讲，建议把手头的资金分成四个部分：

一是短期消费的账户，通常根据我们每个月的稳定开支，预备3~6个月的资金，可以存储在支付宝、微信当中。二是意外重疾的账户，意外、重疾保障的资金，用来解决重大突发事件的资金、负担各种保险的资金平时不动它，但一定需要配置。三是风险投资的账户，这部分资金是用来购买基金、黄金、股票、房产等资产，这是我们用来钱生钱的账户，具体所占的比例，我们可以采用80法则，即用（80-当前年龄×100%）得到的比例就是高收益、高风险账户所占的投资比例。四是保本升值的账户，最后一个账户是我们用来配置养老、子女的教育金、债券、信托等能确保本金安全、稳定升值，重在收益稳定、持续增长，最好不要低于总资产的30%。

合理分配这四个部分的资金，根据自身的情况灵活运用，总好过你寅吃卯粮，今天就败光明天的钱。

提前消费的代价是什么——利率与年龄的关系

人在30岁之后，生理机能就会走下坡路。我们永远也无法预料，明天和不幸哪个先来。我们每一个人,随时随地都有可能遭遇命运的飘忽不定。

对于同一件东西,如果是生病的人使用,效用就少了大半。那如果对死人来说,任何东西都没有意义了。所以,在其他条件不变的情况下,如果我们面临失去的风险越大,我们越倾向于提前消费。因为推迟消费的代价会很高,这个代价就是利率。

为了理解利率,我们先来了解以下这些概念:我们把能够带来将来收入的资源称为资产,把资产将来收入按利率折现的价值称为资本,把现在与将来收入按利率折现的价值称为财富。收入的本义是指精神享受。比如你发了工资,不是收入,你用工资购买苹果吃才是收入。为了度量方便,不得已,我们才用实物收入或者货币收入代表本义收入。

比如,我向你借了5个苹果,一年后,需还你6个。多出来的1个就是利息,20%就是年利率。那么,什么是利率?由什么因素决定?

利率是指提早享受的代价。上例中今天消费5个苹果的价值,大于来年消费的价值,两者之差——1个苹果就是利息,由此决定了相应的利率。

为什么同样一个苹果,提早享受比延迟享受可贵?因为时点不同,个人面临的风险不同。相比现在,将来情形更不确定,一般来说,将来的风险大于现在,时间越长,风险越大。

因为每个人对风险的预期不同,耐心也不同,所以预期的利率也不同。在这种情况下,才会出现借贷的经济活动。比如,你的预期利率是5%,我的预期利率是10%,为了获取更多利益,你就会把钱借给我。随着借钱的增加,你的预期利率会上升,我的预期利率会下降,当两者相等时,借贷停止。大家对借贷的需求和供给，最终决定了市场利率的高低。

从社会整体来看，风险越大的年代，利率越高。比如战争时期，瘟疫时期，每个个体面临的风险比较大，所以利率就比较高。还有，在收入比较低的地区，由于人们对收入的敏感度高，耐心低，也会导致利率很高。

但是，利率也不是随心所欲的，在历代政府，都有禁止贷款的人收取高额利息。但是政府控制的结果，往往没有多大效果。因为政府可以禁止高利贷，但无法禁止人们私下借还物品或租用资产。

利率就是价格，无论表现为钱财借贷、买卖或者租用，实质都是交换的代价。政府如果禁止钱财高利借贷，会使其他资产在不同时点上交换的代价更高。

市场利率代表了消费者提前消费这一物品的价格，从而影响消费者的行为。利率沟通了过去、现在与未来的行为。过去或现在的投入，其价值由将来收入决定。比如在10%利率下，你的投资如果每年能带来1000元收入，那么，你的投资项目的价值为1万元。

为明天投资，比什么都实在——保险

有个成语叫未雨绸缪，意思是今天要为未来的不确定做准备。储蓄和买保险，都是应对未来不确定的方法。举个例子如下。

第十章
职场、婚恋和理财——经济学应用

一个人现在还年轻力壮,但将来年纪大了可能会生病,为了预备将来治病的钱,有两种做法。

一种方式是现在就开始存钱,每个月拿出 10% 的收入存起来;另一种方式是每个月拿出 10% 的收入去买保险。

这两种做法的区别在于,如果用储蓄来未雨绸缪,将来年纪大了没生病,储蓄没有被花掉,就赚了。但是如果运气不好,生了大病,这份储蓄就会被用掉,个人财富就会减少。

通过储蓄来未雨绸缪,它的特点是未来的结局可变,是有风险的:要么保有原来的这份储蓄,要么这份储蓄被用掉。

而如果通过买保险来未雨绸缪,如果将来生病了,保险公司会替他支付医药费;如果不生病,保险公司也不会还他的钱,因为这笔钱是用来购买"未来收入一样"的服务的。

通过买保险来未雨绸缪,它的特点是未来不论生病还是健康,未来的收入都是稳定的,但这种稳定性得花钱来购买。

而保险公司就是专门提供"未来收入一致性"服务的一种商业机构。很多人认为,只要把多余的钱存在银行里,不就是保险的吗?事实上还真的不是。我们来看看储蓄和保险有什么区别?

举个例子,如果我和你交易,给你两种选择:

选择一:你先给我 10 块钱,我保证立刻给你 20 块钱。

选择二:你先给我 10 块钱,然后我掷一个骰子,如果大于 1 点,那么我给你 60 元;但如果正好是 1 点,那么你给我 180 元。

如果这个一定是要进行的,你会怎么选择呢?

我们都知道概率论，一和二的选择，对于我们来说，期望值是一样的，但是不同的选择，代表了三种风险偏好。

选择一的人，基本上是风险厌恶型，并不愿意承受风险。

选择二的人，属于风险偏好型，赌场里玩老虎机的人就是这种类型的偏好。

如果你对上述两者选择没有明显的偏好的话，那么就属于风险中性。

我们根据对待风险不同的方式，来进行假设：假设若是发生严重的疾病，之后会影响到工作，加上康复疗养期，有5年左右的工作收入会受到损失。从25岁到65岁退休，工作40年的时间。为了防止这个风险，每年都拿出收入的10%，分别来进行投资理财和购买保险。

我们假设理财投资的年化收益是7%，保险储蓄的年化收益是3%，我们预测未来的可能性：

未来一：退休前发生了严重疾病，之后治疗休养5年，损失5年收入。

未来二：退休前一切健健康康。

但是这两个未来对我们的实际影响会不同：

未来一：疾病发生的时间点以及过去那些年的投资实际回报率是重要的，钱没存够就失去工作收入，后续的生活需要动用我们的固有的资产，卖房、卖车等；要是之前就存够了5年的收入水平，那么正好拿来供养自己5年的疗养。

若是未来一切平安健康，那是非常幸运了！工作收入没少，还存了笔丰厚的养老金！

回到问题本身，对于投资而言，未来是充满不确定性的，无论是疾病发生的时间点还是实际投资回报率，这两个因素都是无法确定的。投资有一半是靠天吃饭,而生病则和意外一样,有句话叫:"谁知道意外和明天哪个先来?"

用投资还是用保险去抵御风险,只是体现了不同的风险管理方法,也体现了不同人的风险偏好。当我们开始尝试用不同的方式去规避人生的风险时,我们已经在思维上成熟了,当我们学会用合理的"手段"防御未来的风险,做好了未雨绸缪的打算,我们已经比别人拥有了更稳定生活的权利。

当然,本书并不是为保险公司打广告,只是说明,在理财的路上,有风险意识、有保险意识是非常重要的,合理地规划保险,才能让你的财富之路走得更远、更稳妥安全。

魔幻般的花钱秘密——信用卡

《怪诞行为学》的作者丹·艾瑞里搞了多年行为经济学的研究,发现最有意思的就是看别人怎么花钱。

花钱,是我们天天都做的事情,按理说应该早就都是老司机了,可是我们仍然会犯错误。比如说,用信用卡支付,和直接用现金支付,对我们消费行为的影响就很不一样。

假设出去吃饭,要花 300 元。那你愿意用信用卡支付还是用现金支付?绝大多数人选择使用信用卡支付——不是因为信用卡有什么积分返点之类的优惠,而是因为用信用卡的"支付痛感"低!

所谓"支付痛感",就是我们在花钱的时候能感觉到的一种"疼痛"——

说白了就是花钱心疼。从口袋里当场掏出现金来，这个支付感是最强的，但是如果你用信用卡，痛感就没有那么强。

举个例子，假如你去饭店吃饭，一盘价值50元的菜，你可能50口吃完，相当于一口一元。那如果老板规定这个菜，不论盘卖，论口卖，你吃一口，老板收一元钱，你的体验会怎么样呢？或者干脆再来个优惠，一口0.5元钱，而且吃几口就吃几口的钱，没吃完的不算钱，这总行了吧？

懂行的人都知道，这肯定不行啊。消费者在这吃饭，老板在旁边数着看吃了多少口算钱，吃饭的人会深刻地体会到每一口都是钱，这个支付痛感实在太强了。

艾瑞里说，如果我们是预付（先花钱再享受）或者后付（先享受再付款），就没有那么强烈的支付痛感，因为感觉不到钱在减少。这就是为什么我们在家里用水电都不怎么计较，可以说是比较浪费，因为水电费我们一个月支付一次就可以了。所以谁如果想监督自己省钱，应该在水龙头上接一个直接显示钱数的水表。

说到这里，我们立刻就可以从他说的这个道理里面，引申出一个重要结论来：用信用卡支付，我们会更乐意花钱。

这个结论对商家来说太重要了。当消费者买个什么东西，不管是用现金还是用信用卡，它的价格都是一样的。可是对商家来说，收信用卡就得向发卡银行支付1%左右的手续费——这就是为什么有些短视的商家故意不收信用卡，殊不知谁才是真正吃亏。因为消费者更愿意用信用卡支付。

商家收信用卡，别人在这里花钱不但更方便，而且痛感低！他们会花更多的钱！那点手续费根本不算什么。有个统计，在竞价拍卖这个行业中，如果能用信用卡支付，人们会愿意支付比现金支付高出整整一倍的价格！在餐馆吃饭用信用卡给小费，比现金给的小费至少高10%。哪怕平时非常节俭的人，一旦用上信用卡就容易变大方，不知不觉之中欠下高额账单。

有本书叫《为什么大猩猩比专家高明》，作者是乔纳·莱勒，书中提到，信用卡支付痛感低，甚至有脑成像的实验数据！实验发现，用信用卡小费，能减弱大脑中岛叶部位的活动，而这个部位恰恰负责负面感情。

从脑科学角度看，使用信用卡消费，其实是让我们在眼前的享受（消费）和长远的利益（过段时间再还款）之间做了一次取舍。

人脑考虑眼前享受的时候基本是感情区在起作用；而考虑未来的时候，我们就需要动用大脑的前额叶皮层，进行理性计算。而一般来说，感性总是能战胜理性，我们很容易高估当下能获得的享受，而低估了未来需要付出的代价！

还有一种解释是，用信用卡支付的时候，你脑子里的金钱是一个连续变化的数量，不会有太大的感受。可是用现金支付，就需要你掏出一张张钞票，等于是把钱分成了若干小块，每一张钞票就是一整块钱。人们对连续的数量不敏感，但是对分块的东西很敏感。

这个解释有实用价值——如果你想要省钱或节食，就应该对事物进行分块。比如你吃薯片，直接打开一大包薯片连续地吃，一不留神就吃多了。但如果你买的是小袋包装的，一包吃完你就要重新考虑要不要吃下一包了。

根据这个原理，我们吃不健康的零食，如果是大包装，最好用小袋子进行分装。如果你想省钱，就给自己设定一个额度，每天的消费不能超过这个额度。再者，想要节食减肥的人，吃饭最好用小碗。

双职工家庭比单职工家庭的破产风险更大——双薪家庭的理财陷阱

对于一个家庭的夫妻来说，房贷、车贷、子女抚养教育、父母养老等问题是要面对的沉重负担。一般来讲，双薪家庭比单薪家庭的收入更高，生活应该更加富裕才对。但是为什么会说双薪家庭的破产风险更大呢？

双薪家庭面临的财务风险主要有两方面。

一方面是与收入相比，支出较多而储蓄较少：高收入容易引发高消费。双薪家庭的收入比单薪家庭的收入更高一些，因此在支出的时候不会像单薪家庭那样精打细算。由于对家庭经济状况没有太多的担忧，总觉着收入还不错，要提高生活水平和质量，不知不觉就会比单薪家庭支出更多的贷款与日常开销。

另一方面是由于雇用的不确定性，工作本身就具有风险。双薪家庭试图用两个人的收入来把家庭维持在中产水平或更高，但是一旦一个人失业，那么整个家庭的支出重担就落在了一个人的身上，困扰大部分双薪家庭的问题就是一个人的收入不足以支付家庭的固定支出。更悲催的是，夫妻二人都在职场，两个人都有失去工作的可能性。

家庭生活涉及方方面面，其中财务管理变得越来越重要，直接影响着人们的生活。一旦出现财务危机，不仅会影响到家庭成员的生活质量，还有可能很难化解。因此，提前采取措施避免危机才是最好的选择。

下面几条措施可以帮助我们避免和预防陷入家庭财务危机：

一是给家庭制定预算，一切生活用度按照预算来进行。一般来讲，家庭的收支预算包括月度的和年度的。我们可以遵循先算后花的原则，防止出现入不敷出的窘境。

二是对花费比较大的项目，要提前规划好。对于普通家庭来说，买房买车、生病都是人生大事，这些都需要大量的资金，而且是我们人生路上很难避开的事情，所以一定要提前规划好，不要等想要的时候，却发现一分钱也拿不出。这就需要我们提前规划，避免出现家庭财政赤字。

三是对资金的配置要合理。有的人喜欢省钱、抠门，这种做法虽然能积累一些原始资金，但是却很难让家庭财产增值。所以要给家庭财产一个很好的资源配置，把不同类型的资金放进不同的篮子，可以配置一些基金、股票、保险等产品，让财富保值还要增值。特别在钱越来越不值钱的情况下，多元合理地配置资金，就是必不可少的。

四是不要欠太多债。适当的欠债，比如银行贷款，定期归还，是可以的，但是不要欠太多债，还不上还拖累自家的财务状况。

参考书目：

[1][美]罗伯特·弗兰克.牛奶可乐经济学[M].闾佳译.北京：北京联合出版公司，2017.

[2][美]史蒂芬·列维特、[美]史蒂芬·都伯纳.魔鬼经济学[M].王晓鹂译.北京：中信出版社，2016.

[3]斯凯恩.哈佛极简经济学[M].江西：江西人民出版社，2017.

[4][美]蒂莫西·泰勒.斯坦福极简经济学[M].林隆全译.长沙：湖南人民出版社，2015.

[5]崔金生.趣味经济学[M].哈尔滨：哈尔滨出版社，2009.

[6]钱明义.一看就懂的77个经济学故事[M].北京：台海出版社，2019.